Peter Schulz

Der Kosovokonflikt unter Berücksichtigung der deutschen Rolle

IGEL Verlag

Peter Schulz

Der Kosovokonflikt unter Berücksichtigung der deutschen Rolle

1. Auflage 2008 | ISBN: 978-3-86815-023-0

© IGEL Verlag GmbH , 2008. Alle Rechte vorbehalten.

Die Deutsche Bibliothek verzeichnet diesen Titel in der Deutschen Nationalbibliografie. Bibliografische Daten sind unter http://dnb.ddb.de verfügbar.

Dieses Fachbuch wurde nach bestem Wissen und mit größtmöglicher Sorgfalt erstellt. Im Hinblick auf das Produkthaftungsgesetz weisen Autoren und Verlag darauf hin, dass inhaltliche Fehler und Änderungen nach Drucklegung dennoch nicht auszuschließen sind. Aus diesem Grund übernehmen Verlag und Autoren keine Haftung und Gewährleistung. Alle Angaben erfolgen ohne Gewähr.

Meiner Familie

IGEL Verlag

1. Einleitung	1
2. Die Historie des Kosovo-Konflikts	**4**
2.1 Die Ursprünge	4
2.2 Das Kosovo und das Osmanische Reich	7
2.3 Von 1912 bis 1945	10
2.4 Die Ära Tito und die Verfassung von 1974	12
3. Der Beginn des modernen Konfliktes	**15**
3.1 Die deutsche Kosovo-Politik bis Dayton	16
3.2 Die Kosovo-Politik der EU bis Dayton	20
3.3 Die KSZE	23
4. Die Konferenz von Dayton	**29**
4.1 Der albanische Parallelstaat und die Hoffnungen der Albaner für Dayton	29
4.2 Die Konferenz	31
5. Die deutsche Außenpolitik nach Dayton	**38**
5.1 Wandel der Orientierung	38
5.2 Die deutsche Vermittlerrolle	42
5.3 Aufbau einer Drohkulisse	45
5.4 Der Wandel der Außenpolitik im Schatten des Regierungswechsels	49
5.5 Die Holbrooke-Mission	52
5.6 Die Bundestagsdebatte vom 16.10.1998	56
6. Die Kosovo Verification Mission	**61**
6.1 Schwächen der KVM	61
6.2 Das „Massaker" von Racak	66
6.3 KVM-Krise und Fazit	68
7. Die Konferenzen von Rambouillet	**71**
7.1 Die erste Konferenz	71
7.2 Die zweite Konferenz	75
7.3 Fazit von Rambouillet	77
8. Die Operation *Allied Force*	**79**
8.1 Die Frage der Legitimierung	79
8.2 Die Begründung Deutschlands für die Beteiligung am Luftkrieg	81
8.3 Der deutsche Beitrag zum Luftkrieg	83
8.4 Der weitere Verlauf des Luftkrieges und der „Fischer-Plan"	84
8.5 Vom NATO-Gipfel bis zur Einstellung der Kämpfe	86

9. Fazit	**89**
10. Literaturverzeichnis	**94**
Primärquellen	94
Sekundärquellen	94
Internet-Quellen	95

1. Einleitung

Seit dem Ende des Zweiten Weltkrieges war der Gegensatz zwischen NATO und Warschauer Pakt die bestimmende Determinante der Außen- und Sicherheitspolitik der westlichen Staatengemeinschaft. Das Hauptaugenmerk lag deshalb seit Jahrzehnten darauf, dem potenziellen Aggressor auf der anderen Seite des Eisernen Vorhangs ein kollektives Verteidigungssystem entgegenzustellen und durch eine Strategie der Abschreckung den Frieden in Europa zu sichern. Seit dem Ende des Warschauer Paktes bedrohte aber nicht mehr die Gefahr eines internationalen Krieges globaler Ausprägung den Frieden. Vielmehr waren es nun vor allem innerstaatliche – bürgerkriegsähnliche – Konflikte, es gab sie freilich auch schon vorher in beträchtlicher Zahl, die durch Destabilisierung die Sicherheit angrenzender Staaten gefährdeten. Eine Vielzahl dieser innerstaatlichen Konflikte, vor allem auf dem Balkan, machte es deshalb notwendig, Strategien zu entwickeln, um solchen bürgerkriegsähnlichen Situationen zu begegnen.

Für die deutsche Außen- und Sicherheitspolitik war die Auflösung des Warschauer Paktes und die tendenzielle Destabilisierung Südosteuropas eine der größten Herausforderungen seit der Gründung der Bundesrepublik. Im Zuge der Wiedervereinigung wurden, vor allem bei den Verbündeten innerhalb der NATO, immer mehr Stimmen laut, die ein stärkeres Engagement Deutschlands bei der internationalen Konfliktbewältigung forderten. Während für die Verbündeten Deutschlands Konfliktmanagement unter dem Einsatz von Streitkräften nämlich schon längst gängige Praxis war, war dies für Deutschland etwas völlig Neues! Konnte man sich etwa im zweiten Golfkrieg noch durch massive Zahlungen an die internationale Koalition aus dem Kampf heraushalten, stellte sich die Situation im Kosovo-Konflikt vollkommen anders dar. Eine aktive Beteiligung an der Beendigung des Kosovo-Konfliktes wurde von den Partnern allgemein erwartet. Die – auch militärische – Beteiligung Deutschlands war deshalb sowohl ein Ausdruck des Gewichtszuwachses der Bundesrepublik nach der Wiedervereinigung als auch ein Zeichen des gestiegenen Selbstbewusstseins der deutschen Außenpolitik.

Zu fragen ist, was den Kosovo-Konflikt bzw. das westliche Konflikt-management im Kosovo von anderen Interventionen, etwa der im zweiten Golfkrieg, unterscheidet. Ein wesentliches Merkmal der Kosovo-Intervention ist in ihrer problematischen Legitimation zu sehen: Offiziell wurde die Operation *Allied Force,* also das militärische Eingreifen der NATO, mit rein humanitären Argumenten begründet. Die in der westlichen Wahrnehmung dämonisierten Serben unterdrückten mit scheinbar brutaler Gewalt die „offensichtlich" harmlosen Albaner im Kosovo. Die Rede war von Vertreibungen, Erschießungen, Massenvergewaltigungen etc. Da im Sicherheitsrat der Vereinten Nationen durch die Verweigerung Russlands zunächst keine klare Resolution für ein militärisches Intervenieren erreicht werden konnte, entschloss sich die NATO dazu, die vermeintlich schutzlosen Albaner ohne Zustimmung der VN, durch ein massives Bombardement aus der Luft, vor den rücksichtslosen serbischen Unterdrückern zu schützen. Interessant ist dabei, dass die Operation *Allied Force* fast zeitgleich mit dem 50-jährigen Jubiläum der NATO stattfand, in dessen Vorfeld ausgiebig über die grundsätzliche Daseinsberechtigung einer Organisation diskutiert wurde, deren genuine Aufgabe sich mit der Auflösung des Warschauer Paktes erledigt zu haben schien.

Gerade in Deutschland tat sich die Politik in der moralischen Entrüstung über die angeblichen serbischen Untaten besonders hervor. Dramatisierend wurde sowohl von der scheidenden Regierung Kohl als auch von der neuen Regierung unter Kanzler Schröder die Dringlichkeit einer militärischen Intervention vor Parlamentariern und Presse immer wieder betont. Interne Studien des Auswärtigen Amtes (AA) haben aber zeitgleich zu den Aussagen der Bundesregierungen festgestellt, dass sich die Situation im Kosovo bei Weitem nicht so dramatisch darstellte wie behauptet. Es ist zu erkunden, warum gerade die Bundesrepublik so viel offensichtliches Interesse an einer militärischen Lösung mit deutscher Beteiligung zeigte.

Durch die Teilnahme deutscher Soldaten an einem völkerrechtlich nicht legitimierten Krieg ging die Bundesregierung sicherlich ein hohes innen-politisches Risiko ein. Im Kosovo gab es kaum Deutsche, die den Schutz der Bundeswehr benötigt hätten, und die Situation dort war, zumindest nach Einschätzung des AA, relativ stabil.[1] Warum riskierte also die Bundesregierung den Einsatz deut-

---

[1] vgl. Auswärtiges Amt: Lagebericht über die asyl- und abschiebungsrelevante Lage in der Bundesrepublik Jugoslawien vom 18.11.1998. In: Jürgen Elsässer: Kriegsverbrechen, Hamburg 2000, S. 181ff. Im Weiteren zitiert als: Kriegsverbrechen

scher Soldaten in einem nicht durch den Sicherheitsrat der VN legitimierten Einsatz, bei dem keine wichtigen Interessen des deutschen Staates geschützt werden würden?

Im Verlauf dieser Arbeit soll vor allem dieser Frage nachgegangen werden. Dazu wird zunächst der historische Kontext der Kosovo-Frage beleuchtet. Weiterhin wird der Beginn des modernen Konfliktes skizziert, der die Grundlage für die spätere Intervention des Westens bildete. Ebenso behandelt werden soll die Konferenz von Dayton als ein wichtiger Meilenstein der westlichen Balkan-Politik. Schwerpunkt wird dabei auf die Analyse der für den Kosovo wichtigen Entscheidungen gelegt werden. Anschließend wird die Kosovo-Verification Mission der OSZE beleuchtet und hinterfragt. Geklärt werden soll, inwieweit die Mission als Ganzes erfolgreich war, wo Probleme, wo Chancen lagen.

Im Anschluss daran werden die Konferenzen von Rambouillet als eine finale Chance auf eine friedliche Lösung in der Kosovo-Frage analysiert und bewertet. Der letzte Punkt vor einem abschließenden Fazit gilt schließlich der Thematisierung der Operation *Allied Force*: deren Legitimierung, Durchführung und völkerrechtliche bzw. moralische Bewertung.

2. Die Historie des Kosovo-Konflikts

Der Konflikt im Kosovo, wie er sich heute darstellt, hat im Bewusstsein der Hauptbeteiligten seine Wurzeln nicht etwa in den Taten oder Versäumnissen der letzten Jahre oder gar Jahrzehnte, er geht vielmehr auf Ereignisse zurück, die sich bis in das Mittelalter datieren lassen. Grundsätzlich treffen mit den Kosovo-Albanern und den Serben zwei ethnische Gruppen aufeinander, die beide von sich behaupten, ihre historischen Wurzeln im Gebiet des heutigen Kosovos zu haben. Beide Gruppen sehen es als ihr Vorrecht an, hier, in der Geburtsstätte ihrer nationalen Identität, die alleinige Vorherrschaft auszuüben.

Problematisch dabei ist, dass sich beide Ansprüche gegenseitig ausschließen, was die Konsensfindung immens erschwert, wenn nicht sogar unmöglich macht. Die historischen Ansprüche haben sich jeweils so fest im kollektiven Bewusstsein beider Völker verankert, dass es zur Lösung des Konfliktes nur dann kommen kann, wenn die Konfliktparteien zumindest teilweise die Existenzberechtigung des jeweils anderen im Kosovo akzeptieren lernen, ohne auf der totalen Dominanz der eigenen Seite beharren zu wollen.

Es hat sich allerdings gezeigt, dass eine solche Einigung nicht allein aus dem Kosovo selbst kommen kann, da gerade in den letzten Jahrzehnten schlicht zu viel vorgefallen ist, als dass sich beide Gruppen unbelastet an die Lösung des Konfliktes machen könnten. Daraus resultiert die Prämisse, dass zu einer erfolgreichen Konfliktlösung eine behutsame, aber doch nachhaltige Unterstützung von außen absolut notwendig ist. Im Folgenden sollen die Ursprünge und Grundlagen des Konfliktes im Kosovo beleuchtet und analysiert werden. Dabei wird sowohl die Frage nach der ersten Besiedlung wie auch die Frage nach der jeweiligen Staatstradition eine wichtige Rolle spielen. Außerdem werden die Ära Tito sowie die Ereignisse nach dem Zusammenbruch des Staates Jugoslawien bis heute behandelt.

2.1 Die Ursprünge

Der Konflikt zwischen Serben und Albanern im Kosovo ist vor allem auch dadurch gekennzeichnet, dass die Territorialansprüche beider Gruppen darauf fußen, dass das eigene Volk jeweils als erstes den Kosovo besiedelt haben soll. Während sich die Serben auf eine bis ins Mittelalter reichende Staatstradition berufen können, zielen die Argumente der Kosovo-Albaner darauf ab, dass sie von dem Volk der Illyrer abstammen, welche im Gebiet des heutigen Kosovos schon im Altertum siedelten.[2] Die Albaner können also auf eine Siedlungstradition verweisen, die ihre Ursprünge Jahrhunderte vor der ersten serbischen Besiedlung hat. Von albanischer Seite wird zudem ausgeführt, man hätte seit jeher im Kosovo die Bevölkerungsmehrheit gestellt, wenngleich konzediert wird, dass es dort niemals einen albanischen Staat gegeben hat.[3]

Während sich die Mehrheit der Altertums- bzw. Sprachforscher mittlerweile darüber einig ist, dass die Albaner tatsächlich von den Illyrern abstammen und damit bewiesenermaßen länger im Kosovo siedeln als die Serben, ist die These über die ständige Bevölkerungsmehrheit der Albaner wissenschaftlich nicht haltbar.[4] Allein schon durch die sehr genauen türkischen Steuerregister lässt sich nachweisen, dass etwa zum Zeitpunkt der türkischen Okkupation zwischen 1389 und 1455 nicht mehr als vier bis fünf Prozent der Bevölkerung aus Albanern bestand.[5]

Im Laufe der Jahrhunderte war das Kosovo abwechselnd unter byzantinische, bulgarische und serbische Herrschaft geraten, ohne dass die Albaner jemals eine eigene Herrschaft hätten aufbauen können. Gerade aus diesem Grund wird von albanischer Seite aber immer wieder auf die Kontinuität der Besiedlung und auf die Wurzeln im antiken Volk der Illyrer hingewiesen, um den Führungsanspruch in diesem Gebiet heutzutage rechtfertigen zu können. Auch das Faktum, dass die Bevölkerungsmehrheit heute eindeutig auf Seiten der Albaner liegt, wird immer wieder betont und herausgestrichen. Tatsache ist, dass die Illyrer, und die Albaner als ihre Nachfahren, wesentlich länger im Kosovo ansässig gewesen sind als

---

[2] vgl. Jakob Kreidl: Der Kosovo-Konflikt: Vorgeschichte, Verlauf und Perspektiven zur Stabilisierung einer Krisenregion, Frankfurt a. M. 2006, S. 34. Im Weiteren zitiert als: Kreidl

[3] vgl. Rafael Biermann: Lehrjahre im Kosovo. Das Scheitern der internationalen Krisenprävention vor Kriegsausbruch, Paderborn, München u.a. 2006, S. 117. Im Weiteren zitiert als: Biermann

[4] vgl. Biermann, S. 118

[5] vgl. vgl. Heinz Ohme: Das Kosovo und die Serbische Orthodoxe Kirche. In: http://edoc.hu-berlin.de/humboldt-vl/ohme-heinz/PDF/Ohme.pdf, S. 8. Im Weiteren zitiert als: Ohme

die slawischen Serben. Im Laufe der Jahrhunderte haben sich die albanischen Bevölkerungsteile immer wieder mit den eindringenden Völkern vermischt, was vor allem im Hinblick auf ihr Verhältnis zu den Osmanen für einen weiteren Konfrontationspunkt mit den Serben sorgt. Während der langen Herrschaft der Osmanen über das Kosovo haben sich die Albaner nämlich in der Mehrzahl islamisieren lassen, was sie automatisch in Opposition zu den Serben gebracht hat, welche vor allem auch aus dem Kampf gegen die „ungläubigen" Osmanen ihren Nationalstolz nährten.[6]

Während es in der Vergangenheit immer wieder zu Diskussionen um die Herkunft und die erste Besiedelung des Kosovos durch die Albaner gekommen ist, gilt es in der Wissenschaft als unstrittig, dass der Zeitpunkt der ersten Besiedlung durch die Serben auf die Mitte des 6. Jahrhunderts zu datieren ist.[7] Im Zuge der Völkerwanderung brachen slawische Stämme in den Balkan ein und verdrängten für kurze Zeit die Herrschaft des Byzantinischen Reiches, welches seine Vorherrschaft aber schon im 7. Jahrhundert wieder stabilisieren konnte. In der Folgezeit wurde das Kosovo zunächst von den bulgarischen Zaren und danach ein letztes Mal für längere Zeit vom Byzantinischen Reich regiert. Im 11. Jahrhundert schließlich gelang es den Serben, unter der Führung der Dynastie der Nemajiden, einen serbischen Staat mit einem serbisch-orthodoxen Königtum und einer serbisch-orthodoxen Kirche zu schaffen.[8]

In den folgenden Jahrhunderten expandierte der noch junge Staat sogar derartig, dass sich die Grenzen des Reiches im 14. Jahrhundert von der Ägäis und dem ionischen Meer im Süden bis zur Donau im Norden erstreckten.[9] Das Kosovo war unter Zar Dušan dem Mächtigen zeitweise sogar der Mittelpunkt des serbischen Reiches, was wiederum heute ein wesentlicher Grund für die Serben ist, das Kosovo als die Wiege ihrer Nation zu bezeichnen.

Hinzu kommt ein weiteres Argument: Der Begründer der Dynastie der Nemajiden, Stefan Nemanja, wurde von den mittelalterlichen Autoren mit dem biblischen Abraham gleichgestellt, wodurch die Serben die Vorstellung entwickelten, ein „auserwähltes Volk" zu

---

[6] vgl. Kreidl, S. 35
[7] vgl. ebd., S. 34
[8] vgl. Ohme, S. 4
[9] vgl. Kreidl, S. 36

sein.[10] Die zwei letztgenannten Aspekte, die Existenz eines Großserbischen Reiches im Mittelalter und auch die religiöse Überhöhung des eigenen Volkes, sind es, die das moderne Serbien noch immer prägen. Der Verlust der Stellung als Großmacht mag schon Jahrhunderte zurückliegen, aber dennoch wird die einstige Tatsache noch heute als Rechtfertigung für die Ansprüche auf das Kosovo verwendet. Gerade auch in der jüngsten Vergangenheit wurde der Rekurs auf die Geschichte von diversen serbischen Politikern wiederholt dazu benutzt, das eigene Handeln zu rechtfertigen sowie das Volk auf den Kurs der Regierung einzuschwören. Die Menschen reagierten meist unreflektiert auf die Instrumentalisierung der Vergangenheit. Da die historische Größe der Serben niemals aus dem Gedächtnis der Bevölkerung verschwunden war, lässt sich immer noch leicht daran anknüpfen. Die Überschätzung der eigenen Bedeutung und die Verklärung der Vergangenheit sind Phänomene, welche schon kurz nach dem Untergang des serbischen Reiches zum Tragen kamen und sich bis in unsere Zeit gehalten haben.[11]

Dazu mag in den letzten Dekaden insbesondere auch beigetragen haben, dass mit der Krise des Sozialismus und der Auflösung des jugoslawischen Bundesstaates kollektive Orientierungen weggebrochen waren. Vor dem Hintergrund von Unruhe und Unsicherheit waren zugkräftigere Orientierungen gefragt. Da boten sich nur die alten – nationalistischen – als „neue" an.[12]

2.2 Das Kosovo und das Osmanische Reich

Im Selbstverständnis Serbiens spielt der historische Kampf der serbischen Christen gegen die Osmanen eine zentrale Rolle. In der viel zitierten Schlacht auf dem Amselfeld, oder auch Kosovo polje, unterlag ein serbisches Heer am 28.06.1389 in einer Entscheidungsschlacht den Türken.[13] Aus serbischer Sicht entschied sich hier das Schicksal des Großserbischen Reiches, welches in der verklärenden Geschichtsschreibung praktisch gleichzeitig mit der Niederlage gegen die moslemischen Truppen zu existieren aufhörte. Um diese

---

[10] vgl. Biermann, S. 112

[11] vgl. ebd., S. 112

[12] vgl. Rainer Bauböck: Der neue Nationalismus. In: FriedensForum, Dez. 1991, S. 9-14

[13] vgl. Kreidl, S. 36

Schlacht ranken sich deshalb eine Reihe von Mythen, nicht zuletzt jener Mythos, laut dem diese Schlacht die letztlich entscheidende darstellte. Tatsächlich war das serbische Reich bereits lange vorher im Zerfall begriffen gewesen. Der schon erwähnte Zar Dušan starb 1355, ohne für eine stabile Nachfolge gesorgt zu haben. Mit dem Tod des Zaren zerfiel dann demzufolge das Reich in viele kleine Herrschaftsbereiche, die jeweils miteinander um die Vorherrschaft konkurrierten.[14] Als die Schlacht auf dem Amselfeld stattfand, handelte es sich also nicht mehr um ein geschlossenes serbisches Reich, das gegen die Osmanen kämpfte. Vielmehr waren es eine Anzahl kleinerer serbischer Fürstentümer. Einige dieser Fürstentümer existierten dann sogar noch über 70 Jahre nach der Schlacht auf dem Amselfeld, bis die Osmanen 1455 den dann endgültigen Sieg davontragen konnten. Allein dieser Sachverhalt spricht dafür, dass der Schlacht auf dem Amselfeld bei Weitem nicht die Bedeutung beigemessen werden darf, die sie in der serbischen Propaganda bekommt.[15]

Ein weiterer Aspekt der Mystifizierung der Schlacht auf dem Amselfeld ist die These, dass die Niederlage der Serben aus ihrer Sicht nur deshalb möglich war, weil einer der serbischen Fürsten mitten in der Schlacht die Seiten gewechselt habe.[16] Hier wird die Schuld an der serbischen Niederlage also nicht etwa in der eigenen militärischen Schwäche oder dem Mangel an Mut gesehen. Vielmehr werden mangelnde eigene Geschlossenheit und die Niedertracht des Gegners als entscheidende Faktoren betrachtet. Die Serben sehen sich in diesem Kontext als das europäische Märtyrervolk, das sich heldenhaft gegen den islamischen Aggressor gewandt hat und das nur durch üble Machenschaften wie Verrat um den verdienten Lohn gebracht wurde. Die serbischen Ansprüche auf das Kosovo gründen sich deswegen also auch darauf, dass eben dort ein für die serbische Geschichte immens wichtiges Ereignis stattgefunden hat, welches unmissverständlich verdeutlicht, dass nur die Serben, und nicht etwa die Albaner, einen gerechtfertigten Anspruch auf das Gebiet haben. Die Serben brachten im Kosovo ein Opfer,

---

[14] vgl. Biermann, S. 112
[15] vgl. ebd., S. 113
[16] vgl. Kreidl, S. 37

welches sie aus ihrer Sicht dazu berechtigt, das Kosovo gleichsam als eine verdiente Entschädigung zu beherrschen.

Während der Herrschaft der Osmanen waren die Serben im Kosovo eindeutig Bürger zweiter Klasse. Da im Osmanenreich die Zugehörigkeit zur Herrenschicht an das Bekenntnis zum Islam gebunden war und die Serbisch-Orthodoxe Kirche der Rahmen blieb, innerhalb dessen sich das kollektive Bewusstsein des serbischen Volkes ausdrückte, konnten die allermeisten Serben in keinerlei Hinsicht von den Osmanen profitieren.[17] Dazu hätten sie konvertieren müssen, wozu aber kaum ein Serbe bereit gewesen ist. Man sah sich als ein Mitglied der christlichen Gemeinschaft dazu verpflichtet, aktiv für die Überwindung der Herrschaft der Osmanen zu kämpfen.

Im Laufe der Zeit wanderte auch deshalb ein beträchtlicher Teil der serbischen Bevölkerung, teils freiwillig, teils gezwungenermaßen, aus, und die Bewölkungsmehrheit verschob sich immer mehr zu den Albanern, welche im Gegensatz zu den Serben sehr wohl von der Osmanenherrschaft zu profitieren wussten. Bis zum Ende der osmanischen Herrschaft über das Kosovo im Jahre 1912 waren etwa 70 Prozent der albanischen Bevölkerung zum Islam konvertiert.[18] Den Albanern boten sich dadurch eine Reihe von Karrieremöglichkeiten in der Politik, der Wirtschaft oder auch dem Militär, die den Serben verwehrt blieben. Außerdem waren die islamisierten Bewohner des Osmanenreiches von allen Steuern befreit, durften Waffen tragen und waren auch sonst in jeder Hinsicht gegenüber den Nichtkonvertiten bevorzugt.[19] All dies trug naturgemäß dazu bei, dass die Albaner die Osmanen weit positiver sahen, als die Serben es taten. Die albanische Gesellschaft und Wirtschaft florierten sogar während der Besetzung durch die Osmanen. Als Folge dessen hatten es die Albaner auch nicht eilig, den für sie vorteilhaften Schutz durch die Osmanen aufzugeben. Während die Serben als das erste Balkanvolk im Jahre 1804 den Befreiungskampf gegen die Türken aufnahmen, und schließlich 1830 die Eigenexistenz zurückerlangen konnten, brauchten die Albaner dafür bis 1912.[20]

---

[17] vgl. Ohme, S. 6
[18] vgl. ebd., S. 8
[19] vgl. Ohme, S. 6
[20] vgl. ebd., S. 9

2.3 Von 1912 bis 1945

Die Aufteilung des Osmanischen Reiches unter den entstehenden christlichen Nationalstaaten markierte einen Bruch in der Geschichte des Kosovos. Die Albaner stellten zwar im Jahre 1912 etwa 70 Prozent der Bevölkerung, waren aber noch höchst ungefestigt in ihrer nationalen Identität.[21] Von den Vertretern der europäischen Großmächte oft als „Türken" bezeichnet, fanden sie deshalb international auch kaum Gehör, als sie gegen die Einverleibung ihres Siedlungsgebietes durch Serbien, Montenegro und Griechenland protestierten. Zwar wurde 1913 ein unabhängiger albanischer Staat gegründet, aber etwa die Hälfte der albanischen Bevölkerung lebte von nun an in Gebieten, die den anderen Staaten zugesprochen worden waren. Die Mehrheit dieser Hälfte der albanischen Bevölkerung war dabei im Kosovo ansässig.[22] Die Serben, nun die neuen Machthaber im Kosovo, behandelten die Albaner im besten Falle als Menschen zweiter Klasse. Man setzte sie den Türken gleich. Ein immer wieder aufflackernder Guerillakrieg zwischen Albanern und Serben war die Folge.

Während des Ersten Weltkriegs lagen die Hoffnungen der Albaner im Kosovo deshalb bei den Mittelmächten, die den Abzug der Serben bzw. Montenegriner auch tatsächlich herbeiführten. Mit dem Ende des Krieges aber, und dem Sieg der Entente, kam es wiederum zu einer Inbesitznahme durch die Serben. Bei den Kämpfen fanden mehr als 10.000 Albaner den Tod.[23]

Der erneut aufflackernde Kleinkrieg der Albaner gegen die Serben endete erst 1927, als die Übermacht der Armee des „Königreiches der Serben, Kroaten und Slowenen", später Jugoslawien, den Kampf beendete. Das Kosovo blieb ein Teil Serbiens, und die dort lebenden Albaner mussten sich mit einer Diskriminierung in fast allen Bereichen des Lebens abfinden. Die Minderheitenrechte, zu welchen sich das Königreich der Serben, Kroaten und Slowenen ge-

---

[21] vgl. Robert Pichler: Serben und Albaner im 20. Jahrhundert. In: Bernhard Chiari u. Agilolf Kesselring (Hrsg.): Wegweiser zur Geschichte – Kosovo, Paderborn, München u.a. 2006, S.57. Im Weiteren zitiert als: Pichler

[22] vgl. Kreidl, S. 42

[23] vgl. Kreidl, S. 43

genüber dem Völkerbund 1919 verpflichtet hatte, blieben den Albanern im Kosovo weitgehend verwehrt.[24]

Schon damals stellte sich im Kosovo also eine Situation dar, die auffällige Parallelen zur dortigen Lage im ausgehenden 20. Jahrhundert aufweist. Im Kosovo lebten zwei ethnische Gruppen, die beide unfähig waren, integrativ mit der jeweils anderen Gruppe zusammenzuleben. Relevant dafür waren Ereignisse in der Vergangenheit und die entsprechenden Legenden, von denen sich weder die eine noch die andere Gruppe zu lösen vermochte. Die weiteren Jahre bis zum Ende des Zweiten Weltkriegs waren deshalb dadurch gekennzeichnet, dass die jeweilig stärkere Seite Terror und Willkür gegen die temporär Schwächeren ausübte.

Neben den schon beschriebenen ethnospezifischen Unterschieden war es immer wieder der Revanchegedanke, der Auslöser diverser Bluttaten war. Während es nach dem Ersten Weltkrieg die Serben waren, die Terror gegenüber den Albanern ausübten, lösten die Albaner im Zuge der Besetzung Jugoslawiens durch die Achsenmächte im Zeiten Weltkrieg eine Terrorwelle gegen die Serben aus, bei der mehr als 20.000 Serben vertrieben und eine unbekannte Zahl getötet wurden.[25] Die Albaner kollaborierten mit den Achsenmächten, während die Serben, vor allem unter Tito, einen Guerillakrieg gegen die Besatzer führten.

Zu einer der schrecklichsten Erinnerungen zählt die 21. Gebirgs-Division der Waffen-SS „Skanderbeg". Sie war mehrheitlich aus albanischen Freiwilligen gebildet worden, um gegen Titos Partisanen zu kämpfen. Zwar war diese Formation vom militärischen Standpunkt aus gesehen beinahe nutzlos. Doch es werden ihr vielerlei Verbrechen gegen Zivilisten, Erschießungen Unschuldiger u.Ä. angelastet.[26] Bis heute wird den Albanern die Existenz der Division „Skanderbeg", bzw. ihre Beteiligung daran, vorgeworfen, während die albanische Geschichtsschreibung den entsprechenden Sachverhalt bagatellisiert und ignoriert. Abschließend bleibt zu notieren, dass sich beide Seiten eine Reihe von Verbrechen vorzuwerfen haben, ohne dass es eine eindeutige Schuldzuweisung gäbe. Beide Sei-

---

[24] vgl. ebd., S. 43

[25] vgl. Pichler, S. 62

[26] vgl. Guido Knopp: Die SS, München 2003, S. 298. Im Weiteren zitiert als: Knopp

ten waren wahrscheinlich gleichermaßen schuldig, ohne dies aber einsehen zu wollen oder zu können. Dies ist ein Dilemma, das der Lösung des Kosovo-Problems im Wege steht.

2.4 Die Ära Tito und die Verfassung von 1974

In der Zeit kurz nach dem Zweiten Weltkrieg erhielt das Kosovo zwar als „autonome Region Kosovo und Metohija" weitgehende Autonomie innerhalb der Republik Serbien, tatsächlich aber blieben die Kosovo-Albaner ohne wirklichen Einfluss auf das politische Geschehen.[27] Gerade nach dem Bruch Jugoslawiens mit der Sowjetunion galten die Albaner nämlich als ein unsicheres Element, da der Staat Albanien zumindest zunächst ein weiterhin enges Verhältnis mit der UdSSR pflegte. Unter dem serbischen Innenminister Ranković wurden die Albaner auch deshalb, teils mit brutaler Gewalt, dazu „überredet", Jugoslawien zu verlassen, ohne die Möglichkeit zur Rückkehr gewährt zu bekommen. Mehr als 100.000 Kosovo-Albaner wichen dem Druck und wanderten in die Türkei aus.[28] Erst mit dem Sturz Rankovićs durch Tito wurde die Welle der Gewalt „von oben" im Kosovo gestoppt und ein Versuch der Versöhnung, angeregt und gesteuert durch Tito, gestartet. Schrittweise kam es zu einer verfassungsmäßigen Aufwertung des Kosovo, die verhindern sollte, dass die separatistischen Tendenzen innerhalb der albanischen Bevölkerung eine weitere Schwächung des Bundesstaates Jugoslawien verursachten.[29]

Eine bessere Integration der Albaner in den jugoslawischen Staat wurde als Folge der Verfassungsänderung von 1974 erwartet. Kern der Änderung war, dass künftig sowohl die Republiken als auch die Provinzen ihre eigenen Verfassungen verabschieden konnten. Zusätzlich war es von nun an für jede Republik möglich, sich vom Staat Jugoslawien formal zu trennen. Hiermit wurden die Teilrepubliken natürlich immens aufgewertet, da im Großen und Ganzen lediglich die Außen- und Sicherheitspolitik sowie die Wirtschafts-gesetzgebung weiterhin in der Bundeskompetenz verblieb.[30]

---

[27] vgl. Kreidl, S. 46
[28] vgl. ebd., S. 46
[29] vgl. Pichler, S. 63
[30] vgl. Biermann, S. 158

Den Provinzen, welche formal in den einzelnen Republiken verbleiben mussten, blieb diese Möglichkeit verwehrt.

Doch beide Seiten waren mit diesem Kompromiss nicht ganz zufrieden. Die Albaner monierten, dass die Provinz Kosovo zwar formal aufgewertet wurde, aber dennoch in der Republik Serbien verbleiben musste. Den Serben dagegen fiel es schwer, sich damit abzufinden, dass die nominelle Unterordnung der Provinz Kosovo unter die Republik Serbien im formalen Teil der Verfassung nun keine konkrete Ausprägung mehr fand.[31]

Bei einem Streit zwischen Republik und Provinz hätten jeweils die Bundesorgane zu vermitteln gehabt. Sprache und Alphabet waren von nun an Angelegenheit der Provinzen, was den albanischen Kindern z. B. Unterricht in der eigenen Sprache ermöglichte. Weiterhin konnte das Parlament des Kosovos von nun an exklusiv über Zusätze zur Provinzverfassung entscheiden sowie eigenständig an Zusätzen zur Bundesverfassung mitarbeiten.

Über die Verfassungsänderung hinaus versuchte Tito außerdem, durch weitgehende Wirtschaftsförderung integrativ auf das Kosovo einzuwirken. Ein Fonds für unterentwickelte Gebiete in Jugoslawien wurde eingerichtet, um als eine Art horizontaler Finanzausgleich zu dienen. Auf diese Weise wurden erhebliche finanzielle Mittel für das Kosovo zur Verfügung gestellt.[32] Dass diese Förderung notwendig war, zeigt sich anhand verschiedener wirtschaftlicher Daten. Zwischen 1953 und 1980 etwa stieg das Bruttosozialprodukt im Kosovo nur halb so schnell wie im Rest Jugoslawiens.[33] Trotz der geleisteten Wirtschaftshilfe konnte der negative Trend aber nicht aufgehalten werden. Das Pro-Kopf-Einkommen im Kosovo erreichte 1979 nur 28 Prozent des Landesdurchschnitts, und die jährlichen Zuflüsse von Kapital aus dem Ausland überstiegen sogar die Wachstums-raten des BSP.[34]

Letztlich war die Reform von 1974 nur zeitlich begrenzt erfolgreich. Während für die Albaner der Provinzstatus nur ein erster Schritt hin zur Republik war, stellte die formale Gleichstellung für

---

[31] vgl. ebd., S. 159
[32] vgl. Biermann, S. 156
[33] vgl. ebd., S. 144
[34] vgl. ebd., S. 144

die Serben einen Affront dar. Nur die schützende Hand Titos sorgte für einen relativ reibungslosen Verlauf. Die Reform schürte unter den Serben außerdem zunehmend nationalistische Tendenzen, da man glaubte, sich gegen die erstarkenden Albaner zur Wehr setzen zu müssen. Dennoch verbesserten die Reformen die Lebensumstände im Kosovo erheblich. Problematisch war aber, dass für die eine Seite die Reformen nicht weit genug gingen, während für die andere Seite die Reform eine Bedrohung des gewohnten Lebensstils und des Selbstverständnisses darstellte. Grundsätzlich wurde in der Verfassung ungewollt genau das heraufbeschworen, was sich Anfang der 1990er Jahre zum eigentlichen Kosovo-Konflikt ausweiten sollte.

3. Der Beginn des modernen Konfliktes

Schon lange bevor sich der Staat Jugoslawien auflöste, kam es im Kosovo zu Ausschreitungen und Autonomiebestrebungen. Im Jahre 1981 etwa, nur ein Jahr nach dem Tode Titos, brachen Unruhen unter albanischen Studenten aus, die von den Sicherheitskräften unterdrückt wurden.[35] Nicht nur unter den Studenten, sondern auch innerhalb weiter Teile der albanischen Bevölkerung wurden jetzt diejenigen Stimmen laut, die den Status einer selbstständigen Republik innerhalb Jugoslawiens für das Kosovo forderten. Exakt die gleichen Forderungen wie unter Tito wurden also von den Albanern wiederum in das Zentrum der Aufmerksamkeit gerückt. Die Reaktion der Serben fiel, ohne die mäßigende Hand Titos, harsch aus. Aufgrund der stärker werdenden serbischen Repressionen kam es in der Folge wiederum zu größeren Unruhen unter der albanischen Bevölkerung, die gegen Ende sogar unter Zuhilfenahme der regulären Armee unterdrückt werden mussten. Ausgelöst durch die albanischen Proteste bzw. den albanischen Widerstand gegen einen Verbleib in der Republik Serbien, wurden außerdem unter den Serben Bestrebungen laut, eine grundsätzliche Revision des föderativen Status des Kosovos zu erwirken. Es sollte ein genereller Schlussstrich unter die Autonomie des Kosovos gesetzt werden.[36]

In den folgenden Jahren bis zum Ende der 1980er Jahre spitzte sich die Frage der Autonomie des Kosovos immer weiter zu. Während die Albaner weiterhin für ein selbstständigeres Kosovo plädierten, setzte sich auf serbischer Seite immer mehr der Gedanke durch, dass die Autonomie des Kosovos schlicht abzuschaffen sei. Der vorläufige Höhepunkt dieser Entwicklung wurde 1989 erreicht, als nach einem Generalstreik zunächst die Autonomie des Kosovos und der Vojvodina eingeschränkt und dann sogar völlig aufgehoben wurde.[37]

---

[35] vgl. Michael Dischl: Westliche Demokratien und Humanitäre Militärische Intervention, Zürich 2002, S. 62. Im Weiteren zitiert als: Dischl

[36] vgl. Dischl, S. 62

[37] vgl. ebd., S. 63

3.1 Die deutsche Kosovo-Politik bis Dayton

Im Rahmen dieses Unterpunktes soll nun die Entwicklung des Konfliktes bis zur Konferenz von Dayton beleuchtet und analysiert werden, wobei der Schwerpunkt auf die deutsche Außenpolitik gelegt werden wird. Es soll verdeutlicht werden, wo die deutschen Interessen lagen und inwieweit die deutsche Außenpolitik die Entwicklung im Kosovo erkannt und beeinflusst hat.

Die deutsche Außenpolitik im Kosovo-Konflikt wurde in dieser Phase bis Dayton ganz klar von den anderen Geschehnissen auf dem Balkan überdeckt. Während die USA, unter der Präsidentschaft von George Bush Sen., der jugoslawischen Führung schon recht früh mit einem unilateralen Militäreinsatz im Zusammenhang mit einer möglichen Eskalation der Kosovo-Krise drohte, wurde die Aufmerksamkeit Deutschlands erst durch die Kämpfe in Slowenien und Kroatien sowie später durch den Krieg in Bosnien-Herzegowina gefesselt.[38] Die Ereignisse im Kosovo erschienen der Bundesregierung im Vergleich mit den Kämpfen im übrigen Jugoslawien als merklich unbedeutender. Man begriff das Potenzial einer möglichen Eskalation im Gegensatz zu den USA als deutlich geringer, obwohl die andauernden Verletzungen der Menschenrechte im Kosovo durch die Serben, und der damit verbundene Nationalismus, gerade in dieser Phase ein Grund zur politischen Intervention hätte sein müssen. Spätestens mit der Aufhebung der Autonomie des Kosovos bzw. der Vojwodina stellte die serbische Regierung die Verfassung Jugoslawiens nämlich grundsätzlich in Frage und gefährdete damit die Stabilität der gesamten Region.[39]

Die Wahrnehmung der Kosovo-Problematik durch die deutsche Politik war der Brisanz der Situation nicht angemessen, obwohl es durchaus Warnungen im Hinblick auf das Konfliktpotenzial gegeben hatte. Bereits 1989 etwa informierte die deutsche Botschaft in Belgrad die Bundesregierung über eine zunehmende Entfremdung der kosovo-albanischen Bevölkerung von Jugoslawien.[40] Die Analyse der Botschaft verdeutlichte weiterhin, dass der serbische Nationalismus im Kosovo verschärfend auf das slowenisch-serbische bzw.

---

[38] vgl. Roland Friedrich: Die deutsche Außenpolitik im Kosovo-Konflikt, Wiesbaden 2005, S. 25. Im Weiteren zitiert als: Friedrich

[39] vgl. Biermann, S. 259

[40] vgl. ebd., S. 261

das kroatisch-serbische Verhältnis wirken würde. Eine Reaktion der Bundesregierung aber blieb aus. Man beschränkte sich sowohl in der Belgrader Botschaft als auch in der Regierung selbst auf eine reine Beobachterrolle und versäumte es, frühzeitig auf die Lage zu reagieren.

Erklärt werden kann die passive Rolle Deutschlands mit mehreren Faktoren: Der wichtigste Faktor war wohl, dass man als oberste Priorität die Stabilisierung Jugoslawiens im Sinn hatte. Man glaubte, dass innerer Friede und die Einheit des Staates Jugoslawien am ehesten gewährleistet werden könnten, wenn man die Integrität der einzelnen Republiken so weit wie möglich zu bewahren versuchte. Eine separatistische Bewegung der Albaner in Serbien zu unterstützen oder auch nur zu kommentieren, erschien in diesem Kontext als kontraproduktiv. Unterstützt wurde die Position der Bundesregierung von der EG-Schiedskommission für das ehemalige Jugoslawien. Diese erklärte im Dezember 1991, dass dem Kosovo, ganz entgegen der Teilrepubliken Kroatien, Slowenien und Mazedonien, keine eigene Staatsqualität zukomme.[41] Die verfassungsrechtliche Stellung des Kosovos innerhalb Jugoslawiens als Provinz war es, welche die Kommission zu dieser Entscheidung brachte, der sich letztlich auch die Bundesregierung anschloss und unterordnete.

Eine Sezession des Kosovos aus dem Staatenverband Serbien-Montenegros würde eine einseitige Verletzung internationaler Grenzen darstellen und verstieße damit gegen das Völkerrecht. Mit diesem Spruch legte die Schiedskommission der EU die Linie fest, die auch bis heute noch Bestand hat.[42] Durch die Einnahme dieser Position ignorierte Deutschland, dass das Kosovo im ehemaligen Jugoslawien zwar pro forma nur eine Provinz darstellte, aber de facto mit den übrigen Republiken gleichberechtigt gewesen war. Der bereits dargestellte Kompromiss Titos, nämlich eine sehr weitgehende Autonomie des Kosovos bei gleichzeitigem Verbleib in der Republik Serbien, wurde zumindest in seinem Geiste außer Acht gelassen und die Position der Serben schon in dieser frühen Phase des Konfliktes gestützt.

Als im Mai 1991 der Auswärtige Ausschuss des Bundestages im Rahmen eines Besuches im Kosovo mit Vertretern der albanischen

---

[41] vgl. Friedrich, S. 28

[42] vgl. ebd., S. 28

Parteien zusammentraf, wurde erneut bekräftigt, dass die Bundesregierung zwar vehement für die Einhaltung der Menschenrechte im Kosovo eintrete, dies aber definitiv keine Unterstützung von separatistischen Bewegungen bedeuten könne.[43] Der Vorwurf der deutschen Vertreter, dass die Kosovo-Albaner eine generelle Loslösung vom jugoslawischen Staat anstreben würden, wurde dabei vom späteren Präsidenten der Republik Kosova, Ibrahim Rugova, entschieden abgestritten. Das Ziel der Albaner im Kosovo sei eine selbstständige Position innerhalb Jugoslawiens, ohne eine Bevormundung durch die Serben. Erst wenn es zu einem Zerfall Jugoslawiens kommen würde, wäre man bereit, die Unabhängigkeit zu fordern.[44]

Die Serben stellten sich dagegen auf den Standpunkt, dass mit der Beendigung der weitgehenden Autonomie des Kosovos lediglich ein Fehler in der Verfassung von 1974 behoben wurde, da es sich beim Kosovo um einen Staat im Staate gehandelt habe, dessen bessere Integrierung in die Republik Serbien nur zum Besten für den Rest Jugoslawiens sein könne.

Die Unvereinbarkeit der serbischen und der albanischen Positionen wurde von der Bundesregierung zwar zur Kenntnis genommen, aber im Hinblick auf die anderen Vorkommnisse auf dem Balkan zunächst als zweitrangig eingestuft. Man neigte dazu, der serbischen Argumentation zu folgen und die Probleme im Kosovo als eine innerstaatliche Angelegenheit der Serben zu betrachten. Man ging sogar so weit, die im Kosovo massiv vor-kommenden Menschenrechtsverletzungen als tolerabel und im Rahmen kommunistischer Herrschaftsausübung gängiger Praxis zu betrachten.[45] Es ging der Bundesregierung also in erster Linie darum, den Krisenherd Balkan als Ganzes zu stabilisieren. Moralische Bedenken angesichts der serbischen Aggression gegen die Albaner im Kosovo wurden zu diesem Zeitpunkt offensichtlich eher verdrängt.

Vor dem Hintergrund der beschriebenen Vorgänge ist zu erkennen, dass Deutschland nicht bereit war, direkt auf die Forderungen der Albaner einzugehen. Die Aktivitäten Deutschlands beschränkten sich darauf, die Politik der EU mitzutragen, ohne eine

---

[43] vgl. Biermann, S. 267

[44] vgl. Biermann, S. 267

[45] vgl. ebd., S. 259

wirklich eigenständige Linie zu präsentieren. Erklärbar wird dieses Verhalten zum einen durch die schon erwähnte Zielsetzung, durch eine Stärkung der Teilrepubliken eine weitere Aufspaltung Jugoslawiens zu vermeiden. Zum anderen hatte man sich aber bereits in der Vergangenheit innerhalb der EU mit Stimmen auseinandersetzen müssen, die das selbstbewusste Handeln Deutschlands im Zuge der Anerkennung Kroatiens heftig kritisiert hatten.[46]

Dementsprechend handelte man in dieser Frage eher zurückhaltend und im Rahmen von EU, OSZE, NATO oder auch der VN. Eine Einmischung in die Kosovo-Frage gab es zusätzlich zu den schon erwähnten Initiativen eher indirekt über den Staat Albanien. So regte der damalige Außenminister Genscher die Aufnahme Albaniens in die NATO an, um Serbien von einer möglichen Eskalation der Lage im Kosovo abzuhalten.[47] Ebenso indirekt suchte der Bundesnachrichtendienst (BND) über seine Residentur in Tirana dämpfenden Einfluss auf die radikaleren Kräfte der Kosovo-Albaner in Serbien zu nehmen.

Zusammenfassend lässt sich feststellen, dass die Außenpolitik Deutschlands sich zwar durchaus mit der Situation im Kosovo auseinandersetzte, aber aus den Vorgängen erst spät weiterführende Schlüsse gezogen hat. Die oberste Direktive war es, den Staat Jugoslawien so weit als möglich zu stabilisieren und die schon zu diesem frühen Zeitpunkt erkennbaren Spannungen durch Einflussnahme auf die Teilrepubliken zu bekämpfen. Die deutsche Außenpolitik setzte dabei weitgehend auf eine Zusammenarbeit mit der serbischen Führung, namentlich mit Milošević. Die Einschätzung, dass es einfacher sein würde, der Argumentation der Serben zu folgen und damit Stabilität für diesen Teil Jugoslawiens zu gewährleisten, erwies sich in diesem Falle allerdings als falsch. In der Rückschau wird deutlich, dass der serbische Nationalismus einen Ausgleich in der Kosovo-Frage unmöglich gemacht hat. Während die Albaner auf eine Internationalisierung der Krise drängten, blockten die Serben diese Initiative durch den Hinweis auf die Innerstaatlichkeit der Probleme ab.[48]

---

[46] vgl. Friedrich, S. 26
[47] vgl. Friedrich, S. 27
[48] vgl. ebd., S. 33

Interessant ist, dass das Auswärtige Amt aber spätestens im Jahre 1993 seine Fehleinschätzung erkannt haben muss, da man in einer Stellungnahme verlauten ließ, dass sich eine weitere Internationalisierung der Kosovo-Frage nur mit Zwangsmaßnahmen erreichen lassen würde.[49] Es wird dort eindeutig festgestellt, dass die Schuld an der Ausbreitung der Probleme im Kosovo hauptsächlich bei den Serben zu suchen sei, da von ihnen, wie auch schon erwähnt, eine Vermittlung von außen mit dem Hinweis auf die Innerstaatlichkeit der Problematik rigoros abgelehnt wurde. Die Erkenntnis, dass man auf den falschen Lösungsansatz, Nichteinmischung und Vertrauen auf Belgrad, gesetzt hatte, war zu dieser Zeit bereits nicht mehr zu verdrängen. Allerdings führte diese Erkenntnis nicht zu einer Änderung der Politik.

3.2 Die Kosovo-Politik der EU bis Dayton

Die Europäische Union sah sich gegen Ende der 1980er bzw. zu Anfang der 1990er Jahre gegenüber Jugoslawien in einer günstigen Position, da man sich dort zu dieser Zeit in einer massiven Finanzkrise befand. Die Umwälzungen in Europa, im Besonderen der Zerfall der Sowjetunion, belasteten die jugoslawische Wirtschaft zusätzlich. Um den veränderten weltpolitischen Gegebenheiten und der zunehmend größer werdenden Finanznot Herr zu werden, entschloss sich Jugoslawien deshalb zu einer stärkeren Anlehnung an Westeuropa. Das Ziel dieser Bemühungen sollte eine Vollmitgliedschaft in der EG sein.[50] Beiden Seiten war im Zuge der Verhandlungen klar, dass die Kosovo-Problematik die Gespräche wesentlich beeinflussen könnte. So war der jugoslawische Ministerpräsident Marković sich schon früh bewusst, dass die Kosovo-Frage sich negativ auf eine mögliche Mitgliedschaft in der EG auswirken würde. Problematisch in diesem Zusammenhang war aber, dass eine Lösung der Kosovo-Frage nicht ausschließlich von der jugoslawischen Zentralregierung abhängig war. Die entscheidende Instanz in dieser Frage befand sich nämlich ganz eindeutig bei der serbischen Führung, und dort war man nicht bereit, Kompromisse auf Kosten der nationalistischen Ziele einzugehen.

---

[49] vgl. BT-Drucksache 12/4361

[50] vgl. Biermann, S. 290

Trotzdem versuchte etwa der deutsche Bundeskanzler 1991 im Gespräch mit Marković zu verdeutlichen, dass eine Mitgliedschaft in der EG durch eine Androhung oder gar Anwendung von Gewalt immens erschwert werden würde.[51] Um mit Marković aber nicht den Falschen unter Druck zu setzen, bezog der Bundeskanzler diese Aussage eher auf Kroatien und Slowenien, nicht aber auf das Kosovo. Auch hier ist also die schon mehrfach beschriebene Tendenz zu erkennen, das Kosovo zugunsten eines stabilen Jugoslawiens zu vernachlässigen. In der EG ging man sogar so weit, Jugoslawien in das PHARE-Programm aufzunehmen, in dessen Rahmen man bis 1996 fast 800 Mio. ECU an Wirtschaftshilfe vorsah.[52] Durch PHARE sollen Beitrittskandidaten zur EU wirtschaftlich unterstützt werden, wobei ein Schwerpunkt auf dem Verwaltungsaufbau, der Investitionshilfe für Infrastruktur sowie der Regionalentwicklung lag bzw. immer noch liegt.[53]

Der Europarat stellte als Vorbedingung für eine Vollmitgliedschaft Jugoslawiens nur zwei Forderungen: zum einen demokratische Wahlen in ganz Jugoslawien sowie zum anderen die Anerkennung der Europäischen Menschenrechtskonvention. Die Wiederherstellung der Autonomie im Kosovo nach der Verfassung von 1974 wurde nicht zur Vorbedingung gemacht.[54] Das einzige Organ der Europäischen Union, das sich deutlich zu den Menschenrechtsverletzungen im Kosovo äußerte, war das Parlament. Man stellte schon 1989 fest, dass die explosive Lage im Kosovo, wie auch die Unterdrückung der Albaner durch Miliz und Streitkräfte, ein unhaltbarer Zustand sei.[55]

Im Rahmen des Besuches einer Untersuchungsdelegation des Europa-parlamentes wurde dann deutlich, wo die eigentliche Macht im Kosovo zu suchen war. Während man von Ministerpräsident Marković Zusagen zu Gesprächsmöglichkeiten mit Abgeordneten des Kosovo-Parlamentes bekam, wurde man von den serbischen

---

[51] vgl. ebd., S. 291

[52] vgl. Biermann, S. 293

[53] vgl. http://eur-lex.europa.eu/LexUriServ/LexUriServ.do?uri=CELEX:31989R3906:DE:HTML

[54] vgl. Biermann, S. 292

[55] vgl. ebd., S. 294

Behörden an diesen Treffen gehindert. Der Höhepunkt der Visite war, dass die Delegation in ihrem Hotel festgesetzt wurde. Die Reise wurde daraufhin ohne positives Ergebnis abgebrochen. Im Frühjahr 1991 wurde, auch wegen der fehlgeschlagenen Inspektionsreise, durch das Europäische Parlament öffentlich eine Lanze für die Kosovo-Albaner gebrochen, als man im Rahmen einer Entschließung verdeutlichte, dass sowohl die Republiken wie auch die einst autonomen Provinzen das Recht besitzen müssten, demokratisch und frei über ihre politische Zukunft zu entscheiden.[56] Mit dieser Aussage wurde das deutlichste Zeichen durch „Europa" gesetzt. Ohne Verklausulierungen oder Rücksichtnahme auf die jugoslawische bzw. serbische Regierung wurde der Schuldige für die Situation benannt. Man ging hier wesentlich weiter als etwa die einzelnen europäischen Regierungen, was sicherlich auch damit erklärt werden kann, dass die Beschlüsse des Europäischen Parlamentes für die Regierungen nicht verbindlich sind.

Zusammenfassend kann gesagt werden, dass die EU in der Kosovo-Frage die vorhandenen Möglichkeiten nicht ausreichend zu nutzen wusste. In vielen Kreisen hatte sich schon lange die Erkenntnis durchgesetzt, dass die jugoslawische Zentralregierung nicht federführend in der Kosovo-Frage war. Es wurde sehr bald deutlich, dass man dort nur dann zu einer Lösung kommen würde, wenn man die Serben zu einem Einlenken bewegen würde. Das oberste Ziel der EU war es aber letztlich, den Staat Jugoslawien so weit wie möglich zu stabilisieren und zu erhalten. Aus diesem Grunde war es nur zu verständlich, dass man als ersten Ansprechpartner die Zentralregierung wählte. Die Hoffnung, auf diesem Wege Ergebnisse zu erzielen, war aber angesichts der Stärke der Serben bzw. deren Willen, die eigenen Ziele rigoros durchzusetzen, trügerisch und am Ende auch vergebens. Der Hebel der Finanzhilfen hätte wohl Ergebnisse erzielen können, wenn man in der EU konsequent Druck ausgeübt hätte. Eine Stärkung der Zentralregierung auf finanziellem Wege wäre in dieser Situation möglicherweise eine Chance gewesen, Einfluss auf Serbien zu nehmen. Vor dem Hintergrund der späteren Ereignisse wäre die Wahrscheinlichkeit zwar gering, aber dennoch vorhanden gewesen.

---

[56] vgl. ebd., S. 296

Generell war die Haltung der EU in der Frage Menschenrechte bei weitem nicht so eindeutig, wie sie hätte sein sollen. Obwohl die verschiedensten Quellen von den Menschenrechtsverletzungen der Serben im Kosovo berichtet hatten, wurde dieses Thema nicht so behandelt, als dass das Interesse Europas an einer Änderung wirklich deutlich geworden wäre. Die Signale, die aus der EU kamen, ließen die Serben eher in dem Glauben, dass man bereit sei, das Kosovo zugunsten anderer Thematiken fallen zu lassen. Hier wurde viel Zeit verloren bzw. wurden viele Möglichkeiten schon im Vorfeld vergeben. Die Erkenntnis, dass Milošević der entscheidende Hemmschuh bei der Frage der Menschenrechtsverletzungen gewesen ist, setzte sich bei der EU ebenfalls erst recht spät durch. Dennoch ist verwunderlich, dass diese Erkenntnis während der Verhandlungen in Dayton weiterhin nur mangelhaft genutzt wurde.

3.3 Die KSZE

Jugoslawien hatte sich im Rahmen der KSZE-Schlussakte von 1975 dazu verpflichtet, nationalen Minderheiten die Menschenrechte und Grund-freiheiten sowie Gedanken-, Religions- und Überzeugungsfreiheit zu garantieren.[57]

Den Albanern im Kosovo waren also in diesem Sinne offiziell die Menschenrechte zugesichert worden, selbst vor dem Hintergrund, dass es nach Meinung vieler westeuropäischer Staaten im (ehemaligen) Ostblock eine andere Auffassung dieser Rechte gegeben hat (und teilweise auch heute noch gibt). Es wurde später, während der Folgekonferenz in Wien, außerdem noch festgelegt, dass die Menschenrechtsfrage keinesfalls durch den Hinweis auf die Innerstaatlichkeit der Probleme abgetan werden könne und dass der KSZE hier also durchaus das Recht zur Einmischung gegeben werden sollte.[58] Allein durch die Zustimmung Jugoslawiens beim 3. KSZE-Folgetreffen in Wien 1989 hätte also das ständig wiederkehrende Argument der Innerstaatlichkeit seine Relevanz verlieren müssen. Auch hätte aufgrund dieses Vertragswerkes aus den west-

---

[57] vgl. Schlussakte von Helsinki. In:
http://www.osce.org/documents/mcs/1975/08/4044_de.pdf

[58] vgl. Abschlussdokument des 3. KSZE-Folgetreffens in Wien, 1989 In:
http://www.osce.org/documents/mcs/1989/01/16059_en.pdf

lichen Ländern schon wesentlich eher Protest gegen die Menschenrechtsverletzungen im Kosovo erfolgen müssen.

Die anfängliche Untätigkeit der KSZE lässt sich, wie auch im Falle der EU, teilweise damit erklären, dass die allgemeine Euphorie bei dem Fall des Eisernen Vorhangs die Vorgänge im Kosovo in den Hintergrund hatte treten lassen.[59] In ganz Osteuropa wurde erkennbar, dass die Menschenrechtsfrage scheinbar stetig an Relevanz gewann. Wegen eines kleinen Gebietes innerhalb Serbiens sollte deshalb nicht mit dem mahnenden Zeigefinger auf die neuen Freunde gezeigt werden. Damit wird aber deutlich, dass die Menschenrechte tatsächlich keineswegs derart massiv auf dem Vormarsch waren. Wie schon so oft trat das Kosovo wegen vermeintlich bedeutenderer Vorgänge in den Hintergrund. Allzu harte Kritik an den Jugoslawen wäre schlecht für die Entwicklung Europas gewesen, deshalb blieben westliche Proteste gegen die Menschenrechtsverletzungen im Kosovo aus.

Ein weiterer Grund für die mangelnde Handlungsbereitschaft der KSZE lieferte zum Teil auch deren Struktur. Man war schlicht nicht darauf eingerichtet, schnell und effizient auf derartige Probleme einzuwirken. Das Krisenmanagement war zu dieser Zeit einfach noch nicht ausgereift genug.[60]

Im Übrigen ist zu notieren, dass der innerhalb Jugoslawiens Verantwortliche für die Situation im Kosovo bei den KSZE-Treffen, etwa in Wien oder Helsinki, überhaupt nicht zugegen war. Milošević, lediglich Oberhaupt einer Teilrepublik, hatte nicht einmal eine Befugnis, anwesend zu sein! Der jugoslawische Außenminister Loncar, als Vertreter des jugoslawischen Gesamtstaates, war dagegen präsent, konnte aber in Bezug auf das Kosovo keinerlei Kompetenzen vorweisen. Auch wenn die Politik der Serben zum Ende der 1980er Jahre von Loncar ausdrücklich gedeckt wurde, hatte diese Deckung durch die Zentralregierung kaum wirkliche Bedeutung.[61] Dem jugoslawischen Außenministerium waren in dieser Frage die Hände gebunden. Selbst bei ausdrücklichem Willen zu Intervention hätte man wohl angesichts der Stärke der Serben nur sehr wenig ausrichten können. Generell wurden Probleme der Menschen-

---

[59] vgl. Biermann, S. 297
[60] vgl. Biermann, S. 298
[61] vgl. ebd., S. 298

rechtsverletzungen nur sehr zögerlich angesprochen, da man den neuen Geist der Zusammenarbeit nicht durch unbedachte Vorwürfe stören wollte.

In Wien waren die KSZE-Mitglieder zwar endlich dazu gekommen, den sog. CHD-Mechanismus ins Leben zu rufen, d.h. ein Verfahren zu etablieren, um Vorwürfen von Menschenrechtsverletzungen im KSZE-Rahmen nachzugehen. Trotzdem wurde aber immer wieder die Sensibilität der Thematik unterstrichen und zur Vorsicht bei der tatsächlichen Anwendung geraten.[62] Dabei machte auch die deutsche Seite keine Ausnahme. In einer Rede wies Außenminister Genscher zwar zunächst darauf hin, dass die Zeit der Menschenrechte gekommen sei und dass man Unrecht auch Unrecht nennen solle. Gleichzeitig aber sprach er davon, dass „fruchtlose Konfrontationen" nutzlos und ein „behutsames Vorgehen" in diesem Zusammenhang der richtige Weg seien.[63] Dabei erwähnte er keine einzige Menschenrechtsverletzung.

Während des Kopenhagener Treffens der Konferenz über die „Menschliche Dimension" der KSZE im Juni 1990 war es dann nicht mehr möglich, die Vorgänge um den Kosovo weiterhin zu ignorieren. Man versuchte bei diesem Treffen die Thematik der Menschenrechte ernsthaft zu diskutieren und vor allem wirkungsvolle Mechanismen zu ihrem Schutz zu entwickeln und zu beschließen.[64] In dieser Situation wurden schließlich die wahren Intentionen der jugoslawischen Delegation deutlich. Loncar erklärte, man sei zwar generell sehr am Schutz der Menschenrechte interessiert, könne die tatsächliche Umsetzung allerdings nicht losgelöst von wichtigen Faktoren wie etwa der wirtschaftlichen Lage sehen.[65] Weiterhin wurde betont, dass an der Problematik des Kosovos intensiv gearbeitet und dass eine Lösung im Rahmen der demokratischen Verfahren innerhalb Jugoslawiens gefunden werden würde. Wie diese Lösung aussehen würde, zeigte sich in den nächsten Jahren überdeutlich. In diesem Sinne könnte man die Aussagen Loncars als

---

[62] vgl. ebd., S. 299

[63] vgl. Biermann, S. 299

[64] vgl. Dokument des Kopenhagener Treffens der Konferenz über die Menschliche Dimension der KSZE. In:
http://www.osce.org/documents/odihr/1990/06/13992_de.pdf

[65] vgl. Biermann, S. 300

hochgradig zynisch interpretieren. Der Botschafter Jugoslawiens, Jovanović, ging sogar so weit, sich jegliche Verhandlungen über das Kosovo mit dem Hinweis auf Menschenrechtsverletzungen in anderen Ländern zu verbitten.[66] Namentlich erwähnte er z. B. Griechenland und Bulgarien, wo die mazedonischen Minderheiten massiv unterdrückt worden wären.

Jugoslawien lehnte es also strikt ab, die Kosovo-Frage im Rahmen der KSZE zu diskutieren bzw. sich Vorschriften im Hinblick auf seine Kosovo-Politik zu unterwerfen. Die gesamte Thematik wurde heruntergespielt und mit Hinweis auf angeblich schlimmere Vorgänge in anderen Staaten Europas relativiert. Es bleibt festzuhalten, dass während der Konferenz in Kopenhagen die jugoslawische Regierung durchaus unter Druck geraten ist. Trotzdem stellte sich das Verhalten der Westeuropäer als wenig initiativreich dar. Statt den CHD-Mechanismus in vollem Umfang zur Anwendung zu bringen, beschränkte man sich auf die erste, wirkungsloseste Stufe, die lediglich aus einem Informationsaustausch bestand. Innerhalb der KSZE-Staaten wurde die Problematik damit zwar diskutiert, ohne aber weitergehende Sanktionen zu erlassen.

Erst im Jahre 1991, während der Konferenz von Genf, konnte man die Augen nicht länger vor den Geschehnissen im Kosovo verschließen. Mittlerweile war Albanien in die KSZE aufgenommen worden, was zum ersten Mal zu einer kritischen Thematisierung der Kosovo-Frage führte. Im Zuge der albanisch-jugoslawischen Diskussion bezichtigte man sich daher jeweils gegenseitig der Diskriminierung von Minderheiten. Während sich die Vertreter Albaniens und Jugoslawiens gegenseitig attackierten, hielten sich die Teilnehmer aus dem übrigen Europa aber auffällig zurück.[67] Wiederum war die fast desinteressierte Haltung Westeuropas überdeutlich demonstriert worden. Während der Konferenz wurde außerdem offensichtlich, dass die jugoslawische Zentralregierung in diesem Stadium des Konfliktes eindeutig hinter der Politik Serbiens stand. Man vertrat den Standpunkt, dass die Auflösung des Parlamentes im Kosovo nötig gewesen sei, um die nationale Einheit nicht durch separatistische Tendenzen zu gefährden.[68] Auch wurde von jugos-

---

[66] vgl. ebd., S. 301
[67] vgl. Biermann, S. 304
[68] vgl. ebd., S. 306

lawischer Seite versucht, der albanischen Minderheit das Recht auf eine Trennung von Serbien zu verweigern. Es sollte sogar ein Passus in der Schlussakte von Helsinki aus dem Jahre 1975 verankert werden, der es nur Völkern und nicht nationalen Minderheiten erlauben würde, das Recht auf Selbstbestimmung einzufordern. Die strikte Einhaltung der Einheit und der Integrität eines Staates sei die Voraussetzung für einen wirkungsvollen Minderheitenschutz.

Dieser Argumentationsstrang, der von den westlichen Ländern keine Unterstützung erfuhr, ließ erkennen, wo sich die Zentralregierung in der Kosovo-Frage befand. Nationale Integrität musste aus ihrer Sicht hinter der Einhaltung der Menschenrechte zurückstehen. Man versuchte offensichtlich, formale Hilfe bei der Unterdrückung von separatistischen Bewegungen zu erhalten. Gerade in Bezug auf die Zerfallserscheinungen in der Sowjetunion, und eben in Jugoslawien, war aber kein westlicher Staat dazu bereit, eine Carte Blanche für die jeweiligen Zentralregierungen auszustellen. Auch wenn sich kaum eine Regierung zur öffentlichen Kritik an der Situation im Kosovo bekennen wollte, glaubte niemand mehr an die Beteuerungen der jugoslawischen Zentralregierung bzw. der Serben, dass die Albaner selbst die Auflösung des Parlamentes bzw. die Repressionen innerhalb Serbiens zu verantworten hätten.

Bei der zusammenfassenden Bewertung der Aktivitäten der KSZE im Rahmen der Präventionsversuche in Jugoslawien und dem Kosovo fallen ähnliche Kritikpunkte wie bei der Bewertung der deutschen Außenpolitik bzw. der Politik der EU an. Auch hier verstand man es nicht, aus den Vorgängen in Jugoslawien die richtigen Schlüsse zu ziehen. Die Überzeugung, dass eine Stärkung des Zentralstaates der einzig gangbare Weg zur Beilegung der Krise in Jugoslawien sei, hemmte in vielerlei Hinsicht die frühzeitige politische Intervention der KSZE. Wie viele andere Beobachter der Vorgänge in Jugoslawien glaubte man, dass durch eine grundsätzliche Stärkung der Zentralregierung noch Möglichkeiten vorhanden seien, den Zerfall bzw. die Krisen innerhalb Jugoslawiens aufzuhalten

Neben dieser Problematik gab es darüber hinaus auch strukturelle Defizite innerhalb der KSZE, die ein Handeln im Kosovo massiv behinderten. Zum einen war Jugoslawien als Mitglied der KSZE mit einem Vetorecht ausgestattet, zum anderen fehlten innerhalb der KSZE die Instrumente, um eine rasche Krisenbewältigung zu gewährleisten. Die dazu nötigen Einrichtungen befanden sich zu Beginn der 1990er Jahre noch in der Entwicklung.[69] Grundsätzlich bleibt wiederum festzustellen, dass das Kosovo vor dem Hintergrund anderer Vorkommnisse auf dem Balkan zurückstehen musste. Die Zielsetzung, Jugoslawien zu erhalten, bedeutete für das Kosovo, dass sich innerhalb der EU niemand wirklich für die Belange der dort lebenden Menschen einsetzen wollte. Mit dem Ausbleiben von Reaktionen konnte sich deshalb im Kosovo der Gedanke festsetzen, dass man Ergebnisse nur dann erzielen würde, wenn man sich nicht länger auf Europa, die VN oder andere Organisationen verlassen würde.

---

[69] vgl. Hans Dietrich Genscher: Erinnerungen, München 1997, S. 967. Im Weiteren zitiert als: Genscher

4. Die Konferenz von Dayton

Die Konferenz von Dayton, welche im Jahre 1995 zu den Friedens-abkommen für Bosnien-Herzegowina und Kroatien führte, war eine der letzten großen Chancen, den Kosovo-Konflikt vor seiner endgültigen Eskalation zu lösen.

Nach über vier Jahren Krieg trafen sich die Präsidenten von Serbien-Montenegro, Kroatien und Bosnien-Herzegowina auf der Bright-Patterson Militärbasis in Dayton/Ohio, um unter der Aufsicht der USA über ein Friedensabkommen zu verhandeln.[70] Der Konferenz vorausgegangen waren massive Angriffe der NATO auf Ziele in Jugoslawien, welche die Kriegsparteien, vor allem die Serben, überhaupt erst zu den Verhandlungen in Dayton gezwungen hatten.

Während fast der ganze Balkan brannte, herrschte innerhalb des Kosovos noch relative Ruhe. Die Kosovo-Albaner waren entschlossen, ohne Gewalt auf die serbische Politik der Unterdrückung zu reagieren und sich im Weiteren darauf zu verlassen, dass sich die Situation durch eine stärkere Internationalisierung der Kosovo-Frage nachhaltig verbessern würde. Die Konferenz in Dayton war in dieser Hinsicht also eine der großen Hoffnungen für die Albaner. Die Serben auf der anderen Seite aber versuchten eine weitere Internationalisierung im Kosovo mit allen Mitteln zu verhindern.

4.1 Der albanische Parallelstaat und die Hoffnungen der Albaner für Dayton

Nachdem die Serben den Autonomiestatus des Kosovos aufgehoben hatten und gleichzeitig beinahe alle Albaner aus der öffentlichen Verwaltung ausgeschlossen worden waren, reagierte der albanische Teil der Bevölkerung im Kosovo mit gewaltlosem Widerstand in vielfältiger Ausprägung. Ein erstes Zeichen wurde dadurch gesetzt, dass man innerhalb der albanischen Gesellschaft alle Blutfehden aussetzte. Dies war ein Zeichen der Einheit! Am 5. Februar 1990 schließlich ließen alle Albaner für mehrere Minuten die Arbeit ruhen, Autofahrer betätigten ihre Hupen und alle Haushalte ver-

---

[70] vgl. Dieter S. Lutz: Europa verpasst auch seine letzte Chance ...? In: Vierteljahresschrift für Sicherheit und Frieden, Jahrgang 14, Heft 1/1996, S. 2

dunkelten für fünf Minuten die Häuser.[71] Dies sollte der Auftakt eines völlig gewaltfreien Widerstandes und Protestes gegen die Serben sein.

Alsbald wurde von den albanischen Abgeordneten im Juni 1990 die unabhängige Republik Kosova ausgerufen.[72] Diese Entscheidung wurde im September desselben Jahres schließlich durch ein Referendum bestätigt, bei dem 90 Prozent aller Albaner im Kosovo sich für die Unabhängigkeit des Gebietes von Serbien aussprachen. Wichtig ist in diesem Zusammenhang, dass man keineswegs die Unabhängigkeit von Jugoslawien oder gar den Anschluss an Albanien forderte. Trotz aller Repressionen wollte man nur losgelöst von der Republik Serbien handeln können. Mit der Ausrufung der Selbstständigkeit ging als serbische Reaktion dann die Auflösung des Parlamentes und der Regierung des Kosovos durch serbische Sicherheitskräfte einher.[73]

Auf die Auflösung des Parlamentes und der Regierung folgten Repressionen gegenüber den Albanern durch die Serben, welche nach wie vor im Kosovo nur eine Minderheit darstellten. Statt mit Gewalt zu reagieren, wie es viele Beobachter im Westen angenommen hatten, behielten die Albaner aber weiterhin den friedlichen Protest bei. Man umging die durch die Serben auferlegten Schwierigkeiten dadurch, dass man einen regelrechten Parallelstaat installierte, der beinahe alle Bereiche des täglichen Lebens umfasste.[74]

Zu dieser Zeit befanden sich im Kosovo etwa 200.000 Serben, die jeden Bereich des öffentlichen Lebens dominierten. Sie stellten die Verwaltung, die Sicherheitsorgane und die Justiz. Dem gegenüber standen 1,8 Mio. Albaner, die sich der Regierung absolut verweigerten. In dieser eigentlich unmöglichen Situation waren alle Hoffnungen der Albaner auf die weitere Internationalisierung der Kosovo-Frage ausgerichtet sowie auf die Versprechen des „Schattenpräsidenten" Rugovas, der immer wieder beteuerte, dass die

---

[71] vgl. Biermann, S. 206

[72] vgl. Hans G. Ehrhart, Matthias Z. Karadi: Brennt der Balkan? In: Dieter S. Lutz (Hrsg.): Der Krieg im Kosovo und das Versagen der Politik, Baden-Baden 2000, S. 93. Im Weiteren zitiert als: Ehrhart

[73] vgl. Friedrich, S. 23

[74] vgl. Kreidl, S. 52

Gewaltlosigkeit eher früher als später zu einer für alle akzeptablen Lösung führen würde.

Interessant ist, dass zum ersten Mal auf Repressionen keinerlei Gewalt folgte. Im Hinblick auf die bereits geschilderten Vorgänge in der Geschichte des Kosovos stellt dieses Faktum ein absolutes Novum dar. Es bleibt aber zu bemerken, dass die Gewaltlosigkeit der Albaner schon zu diesem Zeitpunkt nur unter der Voraussetzung dauerhaft bleiben konnte, wenn es bald zu einer Verbesserung der Zustände kommen würde.

Die Situation im Kosovo stellte sich letztlich für die Serben, die Albaner und für den Westen jeweils unterschiedlich dar. Die Serben waren mit der Situation zufrieden, da sie sich auf die anderen Brennpunkte ihrer Aggressionspolitik konzentrieren konnten. Das Kosovo war ruhig, und damit war alles erreicht, was sich die serbische Politik wünschen konnte. Man duldete den Parallelstaat, hielt aber an den Repressionen gegen die Albaner fest. Das Ziel der Serben, eine Reduzierung der albanischen Bevölkerungsanteile, konnte allerdings nicht erreicht werden.[75]

Der Westen, wenngleich durch die Beobachtungen von Botschaften, KSZE- Beobachtermissionen etc. gewarnt, verlor das Kosovo fast völlig aus den Augen. Die schon mehrfach erwähnten „heißen" Konflikte in Bosnien etc. waren es, die zu dieser Zeit die Aufmerksamkeit fesselten. In der Rückschau verhinderte gerade die Gewaltlosigkeit der Albaner ein stärkeres Interesse des Westens an den Vorgängen im Kosovo. Die Albaner verhielten sich weiterhin ruhig und legten alle Hoffnungen in die anstehenden Verhandlungen wie etwa die in Dayton. Ein Grundstein für die Ereignisse der folgenden Jahre, inklusive für das Erstarken der UCK, wurde schon hier gelegt, ohne dass der Westen die Problematik klar hätte erkennen können.

4.2 Die Konferenz

Die Konferenz von Dayton, die vom 1. bis zum 21. November 1995 stattfand, war eine der letzten großen Hoffnungen der Kosovo-Albaner, auf internationaler Ebene auf die Probleme im Kosovo aufmerksam machen bzw. diese zufriedenstellend lösen zu können. In

---

[75] vgl. ebd., S. 54

Dayton würden sich sowohl all jene versammeln, die an den Konflikten auf dem Balkan beteiligt waren, als auch Vertreter der USA, der EU und der NATO.[76] Die einzige Partei, die dabei nicht eingeladen war, war die der Kosovo-Albaner. Diese hatten aber ihre ganzen Hoffnungen auf dieses eine Zusammentreffen gesetzt! Schließlich musste der gewählte Vertreter der Albaner im Kosovo die Konferenz vor seinem Fernseher in Pristina verfolgen, anstatt sein Anliegen persönlich vorbringen zu können.[77] Rugova hatte sich schon im Vorfeld der Konferenz mit einem Schreiben an die Clinton-Administration gewandt: Man solle die Situation im Kosovo, zusätzlich zu den schon geplanten Themen, mit auf die Agenda setzen. Die amerikanische Botschaft in Belgrad aber, vertreten durch den Geschäftsführer Rudolf Perina, teilte Rugova daraufhin mündlich mit, dass der Terminplan in Dayton schon zu dicht besetzt sei, als dass man das Thema Kosovo noch mit hätte verhandeln können.[78] Die Aussage Perinas zeigte deutlich, dass die Lage im Kosovo im Westen als nicht brenzlig genug eingeschätzt wurde, um diese zusätzlich zum Thema in Dayton machen zu müssen. Rugova wurde also indirekt dafür bestraft, dass er mit seiner Politik der Gewaltlosigkeit keinerlei Aufmerksamkeit in den westlichen Medien bekommen hatte und so die Bedeutung dieser Problematik nur am Rande in das Bewusstsein der westlichen Beobachter dringen konnte.

Begründet werden kann die ausbleibende Reaktion des Westens mit mehreren Faktoren. Der wichtigste davon war aber mit Sicherheit der serbische Vertreter, Slobodan Milošević. Dieser hatte schon mehrfach ausgesagt, dass die Vorgänge im Kosovo ausschließlich innerstaatlicher Natur seien und dass man dementsprechend ohne den Einfluss aus dem Ausland mit dieser Problematik umzugehen gedenke.[79] Als einer der deutschen Vertreter in Dayton im Gespräch mit Milošević auf die Kosovo-Frage eingehen wollte, reagierte dieser mit einer vehementen Absage. Eine Einmischung

---

[76] vgl. Biermann, S. 471
[77] vgl. ebd., S. 472
[78] vgl. ebd., S. 473
[79] vgl. Biermann, S. 473

des Westens im Kosovo wurde von Milošević erneut kategorisch ausgeschlossen.[80]

Milošević konnte sich derartig brüske Bemerkungen durchaus erlauben, da man gerade auf Seiten der USA, in der Clinton-Administration, der Ansicht war, dass dieser schlicht unverzichtbar für das Zustandekommen eines dauerhaften Friedens auf dem Balkan sei. Man setzte große Hoffnungen ausgerechnet in den Mann, der sich in den vergangenen Jahren als der größte Kriegstreiber auf dem Balkan herausgestellt hatte. Letztlich war das Zeichen, das durch die fehlende Einladung der Albaner gesetzt wurde, richtungweisend und wohl auch Auslöser für viele der weiteren Ereignisse im Kosovo. Der Westen wollte die Friedensverhandlungen in Dayton nicht durch die Kosovo-Problematik gefährden. Dass sich nun zusätzlich ausgerechnet Amerika derart deutlich gegen die Versuche Rugovas und damit des Kosovos stellte, bedeutete für viele Albaner im Kosovo eine tief greifende Ernüchterung, welche nicht ohne Folgen bleiben sollte.

Mit der Verweigerung Amerikas war nämlich die bisherige Ruhe im Kosovo gefährdet. Nur unter der Voraussetzung einer Internationalisierung der Kosovo-Frage war man bereit gewesen, die Repressionen der Serben nicht mit Gewalt zu beantworten. Die Position Rugovas, als Garant für Gewaltlosigkeit, musste eine immense Schwächung hinnehmen, da die von ihm gepredigte Politik keinerlei Früchte zu tragen schien. Die Albaner fühlten sich nicht nur von den USA, sondern auch von Rugova belogen und verraten.[81]

Rechtlich gesehen hätten die Kosovo-Albaner durchaus zur Konferenz von Dayton eingeladen werden können. Milošević berief sich zwar immer wieder auf die Innerstaatlichkeit der Problematik, aber dennoch verhandelte er schon während der Jugoslawien-Konferenz von London im Jahre 1992 mit Präsident Rugova. 1992 wurde die Delegation der Kosovo-Albaner außerdem noch von Lord Carrington, dem Vorsitzenden der Konferenz von London, persönlich eingeladen.[82] Hier war demnach schon ein Präzedenzfall

---

[80] vgl. Auswärtiges Amt (Hrsg.): Deutsche Außenpolitik 1995, Bonn 1998, S. 67. Im Weiteren zitiert als: Außenpolitik

[81] vgl. Biermann, S. 475

[82] vgl. Brief des Vorsitzenden der Jugoslawien-Konferenz von London 1992, Lord Carrington, an Dr. I. Rugova vom 17. August 1992. In: Marc Weller:

gesetzt worden, mit dem man die Beteiligung der Albaner durchaus hätte rechtfertigen können. Dass in Dayton keine kosovo-albanische Delegation eingeladen wurde, war also keine Selbstverständlichkeit. Im Übrigen war beim 3. KSZE-Folgetreffen 1989 in Wien schon längst die Frage geklärt worden, ob bei einem innerstaatlichen Konflikt die Einmischung von außen gerechtfertig ist oder nicht.

Während sich also Rugova nicht nach Dayton begab, reiste der kosovo-albanische Premierminister Bukoshi dagegen uneingeladen nach Dayton, um noch einmal auf die Probleme des Kosovos aufmerksam zu machen.[83] Er wurde von dem schon erwähnten Botschafter Perina empfangen, konnte aber die Amerikaner, erwartungsgemäß, nicht zu einem Einlenken bewegen. Mit dem nochmaligen Hinweis auf den überladenen Zeitplan der Konferenz wurde das Anliegen von Bukoshi abgelehnt. Weiterhin wurde Bukoshi unmissverständlich klargemacht, dass die Albaner keine Kriegspartei seien und deshalb auch keinerlei Anspruch auf Teilnahme an der Konferenz hätten.

Diese Aussage bekräftigt, dass der Westen, und hier im Besonderen die Clinton-Administration, ein völlig falsches Bild vom Kosovo hatte. Trotz mehrfacher Warnungen war es offensichtlich noch nicht in das Bewusstein des Westens gedrungen, dass die Ruhe im Kosovo bei ausbleibender politischer Intervention von außen bestenfalls temporär sein würde. Man hatte nicht begriffen, dass die Albaner nur deshalb ruhig blieben, weil sie gerade von den USA eine nachhaltige Hilfestellung erwarteten. Bukoshi in Dayton und den Albanern im Kosovo wurde durch die westliche Staatengemeinschaft klar vor Augen gehalten, dass die bisherige Politik der Gewaltlosigkeit nicht zu dem gewünschten Ergebnis geführt hatte und wohl auch auf lange Sicht nicht zu einem Ergebnis führen würde.

Diejenigen, die sich in den vergangenen Jahren dadurch hervorgetan hatten, dass sie Kriege begannen, Bevölkerungsteile rigoros unterdrückten und den Balkan generell destabilisierten, wurden in Dayton empfangen und konnten an der Umgestaltung Südosteuropas mitarbeiten. Jene aber, die sich lange in Geduld geübt hatten, obwohl sie von den Serben konsequent Repressalien ausgesetzt

---

The Crisis in the Kosovo 1989-1999, Cambridge 1999, S. 86. Im Weiteren zitiert als: Weller

[83] vgl. Biermann, S. 475

wurden, mussten sich mit einem Platz vor dem Fernseher zufriedengeben, während man über ihre Zukunft verhandelte. Mit der Bemerkung Perinas wurde ein Schlussstrich unter die gewaltfreie Zeit im Kosovo gezogen. Die Botschaft, die Perina unbeabsichtigt Bukoshi übermittelte, war, dass man kämpfen muss, um Beachtung zu finden. Schon kurz nach Dayton bildete sich daher eine innerkosovarische Opposition, aus der später die albanische Befreiungsarmee (UCK) hervorging. Diese ent-wickelte sich im weiteren Verlauf sowohl politisch als auch militärisch zu einem wichtigen Faktor im Kosovo-Konflikt.[84]

Neben der falschen Einschätzung der Dringlichkeit des Kosovo-Problems war es natürlich auch Milošević, der an der Nichtberücksichtigung der Albaner einen beträchtlichen Anteil hatte. Im Verlauf dieser Arbeit wurde schon erwähnt, dass sich Milošević konsequent gegen eine Beteiligung der Albaner im Kosovo ausgesprochen hatte. Er drohte sogar mit einem Boykott von Dayton. Es muss noch einmal zugespitzt die Frage gestellt werden, warum Milošević eine so eminent wichtige Rolle in Dayton spielen konnte: Der wichtigste Grund für seine Bedeutung in Dayton war sicherlich, dass er, insbesondere in der Wahrnehmung Europas, der einzige Vertreter der Serben war, der sich sowohl an den Verhandlungstisch mit den Vertretern des Westens setzen konnte, als auch zugleich das Prestige besaß, die getroffenen Beschlüsse in Serbien selbst durchzusetzen. Karadžić und Mladić, die Führer der Serben in Bosnien-Herzegowina, waren zu diesem Zeitpunkt schon nicht mehr als Verhandlungspartner tragbar, und die zweite Reihe der serbischen Politik besaß innerhalb der Regierung kein aus-reichendes Durchsetzungsvermögen und Renommee, um in Dayton als Vertreter aller Serben agieren zu können. Milošević war der Einzige, der sowohl ausreichend Gewicht als auch die entsprechenden Befugnisse hatte, in Dayton einen tragfähigen Frieden zustande zu bringen.[85] Nur die Autorität Miloševićs machte es den Serben möglich, Ostslawonien und die Krajina aufzugeben, wodurch ein Friedensschluss mit den Kroaten realisierbar wurde.[86] Es schien, als ob Milošević tatsächlich

---

[84] vgl. Kreidl, S. 54

[85] vgl. Biermann, S. 477

[86] vgl. ebd., S. 477

an einer Friedensregelung interessiert gewesen wäre.[87] Er war bereit, territoriale Zugeständnisse im Gegenzug für die Aufhebung der Sanktionen und für die Wiederaufnahme in die internationale Gemeinschaft zu machen.

Bei aller Enttäuschung konnte man in Pristina aus den Ergebnissen von Dayton doch indirekt bescheidene Hoffnungen für ein von Serbien losgelöstes Kosovo ziehen. Den bosnischen Serben etwa war zwar kein eigener Staat zugesprochen worden, aber dennoch wurden sie als eine „Entität" mit weitgehenden Vollmachten und mit der Erlaubnis zu parallelen Sonderbeziehungen mit Belgrad ausgestattet.[88] Im Hinblick auf diese Entwicklung schien es für die Albaner im Kosovo also durchaus möglich, zu einem späteren Zeitpunkt ähnliche Sonderrechte zu erhalten. Letztlich wäre dies zwar wesentlich weniger als der Status einer eigenständigen Republik gewesen, aber dennoch im Vergleich zum damaligen Stand der Dinge definitiv eine Verbesserung.

Wenn auch für die meisten Albaner im Kosovo die Gewaltlosigkeit sich nicht ausgezahlt zu haben schien: in gewisser Hinsicht und für manche Politiker schien sich also das gewaltlose Warten auf eine Verbesserung der Umstände bzw. auf das Einbeziehen internationaler Gremien doch zu lohnen. Weniger ermutigend war allerdings, dass die Kroaten serbische Gebiete mit Gewalt erobert hatten und dass diese Eroberungen in Dayton durch die internationale Gemeinschaft sanktioniert wurden.[89] Auch wurde die Politik der ethnischen Vertreibungen der Serben (und Kroaten) in Dayton nicht bestraft, sondern sogar durch Beachtung „honoriert".

Im Rückblick war die Konferenz von Dayton für den Balkan insgesamt doch partiell erfolgreich, aber im Hinblick auf die späteren Geschehnisse im Kosovo ein Auslöser für die Gewalt zwischen den Albanern und den Serben sowie für den späteren Krieg der NATO gegen die Serben. Nach Dayton sagte Richard Holbrooke, der amerikanische Sonderbeauftragte für den Balkan und federführender Unterhändler, dass die Konferenz nicht zum späteren Kosovo-Krieg geführt habe. Er schrieb die Schuld zum einen Rugova zu,

---

[87] vgl. Außenpolitik, S. 60

[88] vgl. Biermann, S.480

[89] vgl. ebd., S. 480

der keinerlei Resultate vorzuweisen hatte, und auch der serbischen Aggression in der Zeit nach 1995.[90]

Im Nachhinein muss diese Aussage zumindest relativiert werden: Durch Dayton wurde die Position Rugovas geschwächt, da seine gewaltfreie und defensive Politik innerhalb des Kosovos keinerlei Unterstützung mehr genoss. Die Enttäuschung der Albaner, die seit Jahren auf den Moment gewartet hatten, an dem unter internationaler Aufsicht über das Unterdrückungsregime der Serben gerichtet werden würde, wuchs mehr und mehr. Nichts hatte sich geändert.

---

[90] vgl. Tim Judah: Kosovo: War and Revenge, New Haven 2000, S. 124. Im Weiteren zitiert als: Judah

5. Die deutsche Außenpolitik nach Dayton

Schon in ihrer ersten Stellungnahme nach der Konferenz von Dayton ließ die Bundesregierung verlauten, dass jegliche Finanzhilfen für Jugoslawien von der Einhaltung der Menschenrechte und den Rückkehrmöglichkeiten für Kriegsflüchtlinge abhängig sowie an eine Autonomieregelung für das Kosovo gekoppelt seien.[91] Während man in Dayton noch keinen Konnex zwischen Gesamtjugoslawien und dem Kosovo hergestellt hatte, wurde hier also auf die tief greifenden Verbindungen zwischen dem Kosovo und dem gesamten Balkan deutlich hingewiesen. Zusätzlich zu der Verlautbarung der Bundesregierung sagte der damalige Außenminister Kinkel, dass von nun an das Kosovo weit stärker in den Focus deutscher Außenpolitik geraten werde.[92]

Ausschlaggebend für diese Äußerungen, die im Vergleich zur Politik von Dayton eine bedeutende Veränderung darstellten, war nicht eine neue, auf Prävention im Kosovo ausgerichtete Politik. Vielmehr befürchtete man, dass Deutschland bei einer möglichen Eskalation im Kosovo einen Großteil der zu erwartenden Flüchtlingsströme zu versorgen haben würde. Gerade in der Flüchtlingsfrage agierte Deutschland deshalb initiativ und auch erfolgreich. Man konnte sich sogar mit Milošević einigen, der ein Repatriierungs-abkommen mit der Bundesregierung schloss. Darin verpflichteten sich die Serben, bei der Rückführung von albanischen Flüchtlingen aus Deutschland die Wahrung der Menschenrechte zu gewährleisten.[93] Aufgrund der Lage im Kosovo kehrten bis 1998 zwar nur ca. 6.000 Flüchtlinge zurück, trotzdem stellte sich die deutsche Außenpolitik in dieser Hinsicht als recht erfolgreich dar.

5.1 Wandel der Orientierung

Selbst wenn man berücksichtigt, dass im eigentlichen Sinne nicht von einer neuen Präventionspolitik Deutschlands gesprochen werden kann, da die Bundesregierung im Grunde nur die Folgen

---

[91] vgl. Bundestagsdrucksache 13/5705
[92] vgl. Jürgen Elsässer: Brandstifter Deutschland. In: Jürgen Elsässer (Hrsg.): Nie wieder Krieg ohne uns. Das Kosovo und die neue deutsche Geopolitik, Hamburg 1999, S. 51. Im Weiteren zitiert als: Elsässer
[93] vgl. Ehrhart, S. 56

des Konfliktes für Deutschland eindämmte, schlug die Außenpolitik zumindest im Vergleich zur Phase vor Dayton doch einen stark veränderten Kurs ein. Während man wenige Monate zuvor noch jeder Provokation Miloševićs aus dem Weg gegangen war, nahm man nun plötzlich gegenüber dem in Dayton noch so hofierten serbischen Präsidenten eine harte Verhandlungsposition ein. Man weigerte sich sogar hartnäckig, Belgrad völkerrechtlich anzuerkennen, obwohl diese Anerkennung innerhalb der EU größtenteils Zustimmung fand. Erst als sich der Gedanke durchsetzte, dass mit einer völkerrechtlichen Anerkennung Rumpf-Jugoslawiens auch neue Möglichkeiten der Einflussnahme auf die Serben einhergehen würden, erkannte man seinerseits als letzter Staat der EU Belgrad an.[94]

Neben der direkten Einflussnahme auf Belgrad setzte man in Deutschland, ganz im Gegensatz zur Zeit vor und während Dayton, auch plötzlich auf eine stärkere Einbindung der gewählten „Regierung" der Albaner im Kosovo. So wurde Ibrahim Rugova 1996 vom Auswärtigen Amt nach Deutschland eingeladen, um mit ihm über die Situation im Kosovo zu diskutieren. Ziel der Einladung war zum einen das Signal an Belgrad, dass man die Situation im Kosovo durchaus beobachtete. Zum anderen wollte man auf diese Weise auch die Position Rugovas innerhalb der albanischen Gesellschaft hervorheben. Gerade wegen der weiter erstarkenden UCK schien dies sinnvoll.[95]

All diese Aktivitäten der Bundesregierung waren sicherlich immer im Kontext der Flüchtlingsfrage zu sehen. Dennoch bleibt festzustellen, dass man in Deutschland allmählich begann, den außenpolitischen Kurs in Bezug auf das Kosovo prinzipiell zu überdenken. Unverständlich bleibt aber, warum man nicht schon vorher offiziellen Kontakt zu Rugova aufnehmen konnte oder wollte. Auch wenn sich Milošević in Dayton nicht dazu bereit erklärt hatte, direkt mit Rugova an einem Tisch zu verhandeln, hätte ein inoffizieller Besuch die Position der Albaner im Allgemeinen und Rugovas Position im Speziellen schon viel früher stärken können. Im Jahre 1996 aber hatte sowohl im Auswärtigen Amt als auch im Bundestag ein Denkprozess begonnen. Die Fehler, die im Kontext des viel zu spä-

---

[94] vgl. Friedrich, S. 31
[95] vgl. Friedrich, S. 31

ten Eingreifens in Bosnien-Herzegowina gemacht wurden, sollten im Kosovo nicht noch einmal wiederholt werden.[96]

Man war zwar nicht bereit, einen nationalen Alleingang in Erwägung zu ziehen, aber spätestens seit den Studentenunruhen von 1996 sollte eine deutliche Warnung an die Serben gehen. Zu dieser Zeit waren die Möglichkeiten eines Eingreifens auf diplomatischer Ebene allerdings nur noch beschränkt wirkungsvoll. Als es nach den Studentenunruhen im Kosovo zu einer Schießerei zwischen Albanern und der serbischen Polizei kam, wurden vier Albaner getötet. Bei der Beerdigung der Getöteten traten dann erstmals maskierte und uniformierte Mitglieder der UCK auf.[97] Die Lage schien sich massiv und vor allem sehr schnell zu verschärfen. Damit waren die Möglichkeiten einer diplomatischen Intervention zu diesem Zeitpunkt auch nicht mehr so wie vor Dayton gegeben.

Im Herbst 1997 antwortete die serbische Regierung dann mit aller Gewalt auf das nun auch öffentliche Auftreten der UCK im Kosovo. Die Mannschaftsstärke der serbischen Sonderpolizei wurde auf mehr als 25.000 Mann erhöht, um der UCK eine weitere Ausbreitung zu verwehren. Die UCK, welche zu dieser Zeit nicht mehr als 1.500 aktive Mitglieder zählte, sollte schon im Anfangsstadium des bewaffneten Kampfes durch eine überwältigende zahlenmäßige Überlegenheit der serbischen Polizeikräfte ausgeschaltet werden.[98] Unterstützt wurde die UCK vor allem dadurch, dass es in Albanien 1997 zu einem völligen Zusammenbruch der staatlichen Ordnung gekommen war und infolgedessen mehr als 56.000 Gewehre, 1,5 Mio. Patronen und 3,5 Mio. Granaten (wahrscheinlich Handgranaten) aus Depots der albanischen Armee entwendet wurden.[99] Durch diese beachtlichen Vorräte, die zu einem guten Teil an die UCK gingen, sahen sich die Kosovo-Albaner nun in Lage, der serbischen Obrigkeit mit Waffengewalt die Stirn zu bieten. Als es im Frühjahr 1998 zum Massaker von Drenica kam, bei dem zwei kosovo-albanische Familien vom Baby bis zum Greis ermordet wurden, schlug die Untergrundarmee UCK derart hart zurück, dass bis Juli 1998 ca. 30 Prozent des Kosovos unter ihre Kontrolle gebracht werden konn-

---

[96] vgl. Kreidl, S. 72
[97] vgl. Friedrich, S. 35
[98] vgl. Friedrich, S. 36
[99] vgl. Dischl, S. 107

ten.[100] Die Unfähigkeit der Serben, allein mit Polizeikräften die Ruhe im Kosovo wiederherzustellen, war dann auch das auslösende Moment, welches zur Involvierung der jugoslawischen Armee führte.[101] Dieser Schritt stellte eine weitere Stufe der Eskalation im Kosovo dar.

Vor dieser Eskalation hatte Außenminister Kinkel am 19.11.1997, zusammen mit seinem französischen Pendant Védrine, Milošević brieflich dazu aufgefordert, in Verhandlungen mit den Albanern zu treten.[102] Ferner forderte man die Wiederaufnahme der OSZE-Langzeitmission im Kosovo. Als Gegenleistung bot man Jugoslawien weitreichende Wirtschaftshilfe an. Milošević lehnte ab.

Ein halbes Jahr später, angesichts der fortschreitenden Eskalation der Kämpfe, trat dann die Balkan-Kontaktgruppe in Aktion, welche bereits im Sommer 1997 wiederbelebt worden war. Diese Gruppe, bestehend aus Vertretern der USA, Großbritanniens, Frankreichs, Italiens, Russlands und Deutschlands, forderte eine sofortige Einstellung der Kämpfe sowie einen Rückzug der serbischen Verbände innerhalb von zehn Tagen. Diese Forderungen waren in keinster Weise mehr von wirtschaftlichen Anreizen begleitet! Man drohte sogar mit der Einschaltung der Vereinten Nationen, mit Waffenembargos und weiteren Sanktionen.[103]

Aber auch wenn durch die Kontaktgruppe mit handfesten Konsequenzen gegen die Serben gedroht wurde, war man sich doch innerhalb der Gruppe keineswegs über den Umfang der Sanktionen einig. Während man in den USA und in Großbritannien für einen harten Kurs gegenüber Belgrad votierte, waren Italien, Frankreich und vor allem Russland gegen eine allzu rigorose Position. Deutschland fiel in diesem Kontext eine Vermittlerrolle zu. Zunächst orientierte man sich allerdings an den USA, was sich schon allein darin widerspiegelte, dass im unmittelbaren Vorfeld des Londoner Treffens der Kontaktgruppe am 09.03.1998 das US-Außenministerium und Außenminister Kinkel ein gemeinsames Statement veröffentlicht hatten. In diesem Statement versicherten beide, dass man zu einem konsequenten und raschen Vorgehen gegen die Serben bereit

---

[100] vgl. ebd., S. 108
[101] vgl. ebd., S. 108
[102] vgl. Friedrich, S. 36
[103] vgl. Friedrich, S. 37

sei.[104] US-Außenministerin Albright äußerte sich in diesem Zusammenhang sogar ganz eindeutig für ein militärisches Vorgehen.

5.2 Die deutsche Vermittlerrolle

Kinkel stellte sich zwar prinzipiell auf die Seite der USA, sprach aber nicht direkt von einer deutschen Zustimmung zu einem Waffeneinsatz im Kosovo. Er versuchte außerdem, im Rahmen der Kontaktgruppe darauf hin- zuarbeiten, die Situation im Kosovo vor den UN-Sicherheitsrat zu bringen. Alles in allem ging es der deutschen Außenpolitik zu dieser Zeit darum, zwischen der amerikanischen und der russischen Position zu vermitteln und den Sicherheitsrat der VN mit einzubeziehen sowie demonstrativ den Schulterschluss mit den USA zu suchen.[105]

Eine wirkungsvolle Kosovo-Politik aber wurde damals gleich durch mehrere Faktoren gehemmt. Zunächst musste man innerhalb der Kontaktgruppe immer wieder Rücksicht auf die unterschiedlichen Positionen der USA und Russlands nehmen. Da eine wirkungsvolle Politik ohne eine der beiden Mächte nicht vorstellbar war, musste man sich also immer wieder auf dem kleinsten möglichen Nenner treffen. In der Zwischenzeit förderte Milošević das Dilemma der Kontaktgruppe noch zusätzlich, indem er kleinere Konzessionen zu machen schien, diese aber nicht in letzter Konsequenz durchführte. So bot er Rugova mehrmals Verhandlungen und Gespräche an, ohne diese aber jemals wirklich zuzulassen.[106] Russland sah die Forderungen der Kontaktgruppe allein schon durch diese demonstrativen Versuche Miloševićs erfüllt, während die USA, Großbritannien und auch Deutschland diese kaum registrierten.

In Deutschland setzte man trotzdem auf den Faktor Zeit. Man war sich sicher, dass die wirtschaftliche Misere Jugoslawiens Milošević früher oder später zum Einlenken zwingen würde. Auch aus diesem Grund wurde die Ablehnung der OSZE-Vermittlung und des geforderten Abzugs der serbischen Sonderpolizei durch Milošević nur als temporäre Position gedeutet, die sich im Laufe der Zeit von allein ändern würde. Die USA hingegen strebten weiterhin wir-

---

[104] vgl. FAZ vom 17.01.1998

[105] vgl. Friedrich, S. 38

[106] vgl. ebd., S. 38

kungsvolle Sanktionen an, da man nur so ein Einlenken der Serben zu erreichen glaubte.[107] Die Differenzen innerhalb der Kontaktgruppe waren es dann auch, welche die Resolution 1160 des UN-Sicherheitsrates am 31.03.1998 nicht sehr deutlich haben ausfallen lassen. Man einigte sich lediglich darauf, einen Dialog der Konfliktparteien unter internationaler Vermittlung, die Einstellung der Kampfhandlungen sowie die Einrichtung einer OSZE-Mission zu fordern.[108]

Weiterhin wurde ein Waffenembargo verhängt, um zukünftige Kampfhandlungen auf beiden Seiten einzuschränken. Fraglich bleibt in diesem Zusammenhang jedoch, ob man durch ein Waffenembargo einen solchen Konflikt einzudämmen vermag. Die Vorräte der Albaner waren zum einen dank der Plünderungen der Depots in Albanien recht groß, und zum anderen stellte die Grenze des Kosovos zu Albanien oder auch Mazedonien kein ernst zu nehmendes Hindernis für Waffenschmuggler dar. Ebenso war die Ausrüstung der jugoslawischen Armee relativ umfassend. Im Übrigen verfügten die Serben zusätzlich über eigene Rüstungsbetriebe im Lande selbst.[109] Zudem: Es handelte sich bei den Kämpfen nicht um ein Aufeinandertreffen von zwei hoch technisierten Armeen, sondern eher um örtlich begrenzte Scharmützel auf relativ niedrigem Level. Die Versorgung solcher Kämpfe kann deshalb auch nur sehr schwer eingedämmt werden. Ein letztes Argument, das für die Unwirksamkeit des Waffenembargos sprach, war, dass Russland sich weigerte, sich an dem Embargo zu beteiligen.

Ein sofortiges Einfrieren von Auslandskonten, Krediten etc. wäre deshalb sicherlich wirksamer gewesen. Während die westlichen Vertreter innerhalb der Kontaktgruppe sich auf einen solchen Schritt haben einigen können, weigerte sich Russland auch in dieser Hinsicht. Die unterschiedlichen Positionen von USA und Russland ließen einen Beschluss, den alle hätten mitragen können, letztlich nicht

---

[107] vgl. ebd., S. 38

[108] vgl. Resolution des UN-Sicherheitsrates 1160 vom 31.03.1998. In: http://www.internationalepolitik.de/archiv/jahrgang1998/april98/resolution-1160--1998-des-un-sicherheitsrats-zur-lage-in-kosovo-vom-31--marz-1998.html

[109] vgl. Dischl, S. 129

zu.[110] Während die USA auf härtere Sanktionen pochten, blockierte Russland immer wieder.

Auffällig an der Resolution 1160 ist, dass dort explizit jene Gewaltlosigkeit von den Kosovo-Albanern gefordert wurde, die diese lange Zeit praktiziert hatten. Auch wird erneut darauf hingewiesen, dass die Integrität der Bundesrepublik Jugoslawien gewahrt bleiben müsse bei gleichzeitiger Autonomie des Kosovos. Im Grunde wurde mit dieser Resolution also genau das gefordert, wofür auch die Kosovo-Albaner lange Zeit einstanden. Zu diesem Zeitpunkt aber war die Entwicklung im Kosovo zu weit fort-geschritten, um eine solche Lösung praktikabel zu machen. Auf beiden Seiten war inzwischen Blut geflossen, und die Enttäuschung der Albaner über die Konferenz von Dayton war immer noch spürbar. Das Gefühl, von der internationalen Gemeinschaft vergessen und verraten worden zu sein, konnte durch diese Resolution nicht besänftigt werden.

Die Zeit unmittelbar nach der Verabschiedung der UN-Resolution war auch deshalb von zunehmender Gewalt im Kosovo geprägt sowie von einer immer dramatischer werdenden Uneinigkeit innerhalb der Kontaktgruppe.[111] Milošević hatte sich unterdessen in einer Volksabstimmung unter der serbischen Bevölkerung eine Bestätigung für seinen harten Kurs gegenüber den Kosovo-Albanern geben lassen und nutzte diese dann auch mit aller Gründlichkeit. Immer mehr Albaner wurden von den Serben vertrieben, was dann wiederum zu einer Verschärfung der Kämpfe zwischen der UCK und den jugoslawischen Truppen führte. Währenddessen wurde immer deutlicher, dass die vermittelnde Position Deutschlands in der Kontakt-gruppe nicht länger aufrechtzuerhalten sein würde. Die USA drohten sogar, als Folge der Blockierung durch Russland, mit einem Austritt.[112] Während des Treffens in Rom am 19.04.1998 konnte man sich nur darauf einigen, serbische und jugoslawische Auslandsguthaben einzufrieren.[113] Relativierend muss dazu aber gesagt werden, dass Russland diese Maßnahme nur deklaratorisch mittrug, ohne sie selbst umzusetzen.

---

[110] vgl. Kreidl, S. 73

[111] vgl. Kreidl, S. 74

[112] vgl. ebd. S. 74

[113] vgl. Friedrich, S. 39

Die beschriebenen Probleme machen also deutlich, dass es innerhalb der Kontaktgruppe an Kohärenz mangelte, was wiederum für die Serben eine Ermutigung zum harten Durchgreifen gewesen sein könnte. Da es offensichtlich war, dass die Maßnahmen der Kontaktgruppe immer auf dem kleinsten möglichen Nenner getroffen wurden, war es nur zu verständlich, dass Belgrad den verschiedenen Ultimaten keinerlei Aufmerksamkeit schenkte. Den Beschlüssen der Kontaktgruppe fehlte es erkennbar an angemessenem Drohpotenzial. Deutschland kam eine Vermittlerrolle zu, die aber unter den gegebenen Voraussetzungen kaum durchzuhalten war. Inhaltlich sah man sich ohnehin eher auf Seiten der USA.

Festzuhalten bleibt auch, dass Deutschland zwar hauptsächlich die Serben als die schuldige Partei ansah, die UCK aber trotzdem als eine terroristische Gruppierung klassifizierte, deren Ausschaltung eine wichtige Voraussetzung für den Frieden im Kosovo wäre.

5.3 Aufbau einer Drohkulisse

Angesichts der gescheiterten diplomatischen Versuche zur Beendigung der Kämpfe im Kosovo erwogen die westlichen Demokratien beim NATO-Treffen am 28. Mai 1998 erstmals ein militärisches Eingreifen.[114] Auch Deutschland, in der Person von Außenminister Kinkel, schloss eine militärische Intervention der NATO nicht länger aus.[115] Auslöser für diesen Positionswechsel in der deutschen Außenpolitik war zum einen die sich immer weiter verschärfende Lage im Kosovo selbst und zum anderen die Flüchtlingswelle, die aus dem Kosovo in Richtung Deutschland schwappte. Im Zusammenhang mit der Erwägung eines Militäreinsatzes ist es für den weiteren Verlauf wichtig anzumerken, dass der spätere Außenminister Fischer einer der ersten war, der für ein militärisches Vorgehen im Kosovo plädierte.[116] Der damalige Grünen-Abgeordnete ließ schon sehr frühzeitig den Willen zur militärischen Intervention durchblicken, was später noch Auswirkungen auf die deutsche Außenpolitik in der Welt im Allgemeinen und im Kosovo im Speziellen haben sollte. Gerade Deutschland erwies sich im Zusammenhang mit der Planung eines Militäreinsatzes folglich auch als eine treibende Kraft.

---

[114] vgl. Dischl, S. 131

[115] vgl. Kreidl, S. 75

[116] vgl. FAZ vom 10.06.1998

Man hatte im Rahmen des NATO-Militärausschusses und bei SHAPE sogar dafür geworben, sowohl Luft- als auch Bodenoperationen in Betracht zu ziehen.[117]

Die harte Haltung Deutschlands traf bei den USA und in Großbritannien auf Zustimmung, aber etwa in Griechenland auf heftigen Widerstand. Auch in der NATO war demnach noch keine einheitliche Linie zu erkennen. Ausschlaggebend für die deutsche Haltung war in erster Linie, dass man eine glaubwürdige Drohkulisse gegenüber den Serben aufzubauen gedachte, um so den Weg für Verhandlungen zu ebnen. In der Vergangenheit waren die Forderungen der Kontaktgruppe bzw. der VN nämlich immer daran gescheitert, dass sich die Serben kaum vor einschneidenden Maßnahmen fürchten mussten. Die Uneinigkeit in der Sanktionsfrage machte ein entschiedenes Intervenieren unwahrscheinlich.

Mit der Verlagerung der Aktivitäten hin zur NATO aber sollte ein wesentlich glaubwürdigeres Drohpotenzial aufgebaut werden. Ebenfalls musste schon jetzt in Betracht gezogen werden, dass bei einer eventuellen Friedenslösung auch eine militärische Überwachung notwendig sein würde. Durch eine relativ frühzeitige Vorbereitung auf alle denkbaren Eventualitäten sollte ein möglichst flexibles Interventionsspektrum kreiert werden. Doch: Auch wenn die NATO sich am Anfang des Jahres 1998 intensiv mit der Durchführbarkeit einer Militäraktion beschäftigte, blieben die konkreten Ergebnisse weit hinter dem zurück, was man in den USA oder Deutschland als sinnvoll betrachtet hätte. Außer einer Reihe von Partnership-for-Peace-Übungen in Albanien und Mazedonien sowie einem definitiven Auftrag zur Ausplanung von Einsätzen in der Kosovo-Region kam es zu keinen greifbaren Ergebnissen. Während die Frage der Flüchtlinge immer drängender wurde, konnte man sich auch innerhalb der NATO nicht auf ein schnelles Eingreifen einigen.

Die fehlende Einigkeit innerhalb der NATO hatte allerdings nicht denselben Effekt wie die fehlende Einigkeit innerhalb der Kontaktgruppe. Die USA hatten schon im März 1998 verlauten lassen, dass man ein militärisches Einwirken im Kosovo bei einer weiteren Eskalation der Lage durchaus in Betracht ziehen würde. Das Motiv, welches von den USA als Begründung angegeben wurde, war, dass man ein weiteres Bosnien-Herzegowina nicht werde zulassen kön-

---

[117] vgl. Friedrich, S. 40

nen.[118] Dabei richteten sich die Drohungen eindeutig an die Serben und nicht an die UCK. Die deutschen Intentionen lagen unterdessen woanders. Man beschäftigte sich eher, wie schon bemerkt, mit der Frage der Flüchtlinge. Mittlerweile waren in der Bundesrepublik Deutschland schon mehr als 140.000 dieser Flüchtlinge aufgenommen worden.[119] Aus diesem Grund plädierte die Bundesregierung dafür, zunächst die Grenzen des Kosovos zu Mazedonien und Albanien zu sichern. Erst wenn die Lage sich weiterhin verschärfen würde, könne ein Eingreifen im Kosovo selbst in Betracht gezogen werden.[120] Man sieht hier ganz deutlich, dass die nationalstaatlichen Interessen Deutschlands über den Umweg NATO erreicht werden sollten. Nicht die Menschenrechtsfrage war es, welche die Bundesregierung zur Intervention brachte. Vielmehr waren es handfeste innenpolitische und finanzielle Handlungsmotive, die den Kurs der deutschen Außenpolitik bestimmten. Weiterhin war die Anlehnung an die USA eine Intention, die nicht außer Acht gelassen werden darf.

In der Zwischenzeit verdichteten sich innerhalb der NATO die Zeichen, die auf ein baldiges militärisches Eingreifen hinwiesen. Der niederländische Verteidigungsminister Vorhoeve etwa erklärte im Juni 1998, dass man notfalls auch ohne ein Mandat der UNO im Kosovo eingreifen müsse.[121] Zu diesem Zeitpunkt beschäftigten sich außerdem schon die USA und Großbritannien mit der Ausarbeitung einer UN-Resolution, die ein militärisches Vorgehen im Kosovo rechtfertigen würde. Ein Ausdruck der intensiven militärischen Vorbereitungen war weiterhin die Übung *Determined Falcon*, bei der mehr als 80 Kampfflugzeuge der NATO Übungen über Mazedonien und Albanien abhielten.[122] Deutsche Flugzeuge nahmen indessen nicht an diesem Manöver teil.

Ergänzt wurde die militärische Drohung durch einen Vorstoß der Kontaktgruppe minus Russland. Man forderte von der russischen Seite eine Zustimmung zur direkten Intervention, wenn Mi-

---

[118] vgl. FAZ vom 11.05. 1998

[119] vgl. Friedrich, S. 41

[120] vgl. ebd., S. 41

[121] vgl. Dischl, S. 131

[122] vgl. ebd., S. 132

lošević die Lage weiter eskalieren lassen würde.[123] Russland lehnte ab, obwohl man auch in Moskau nur wenig glücklich mit dem Verhalten Belgrads war. Die Bundesregierung versuchte deshalb, Russland weiterhin in die Kontaktgruppe einzubeziehen und konnte schließlich sogar einen gemeinsamen Forderungskatalog auf den Weg bringen. Man einigte sich darauf, von Belgrad die sofortige Einstellung der Kämpfe, eine Rückführung der Flüchtlinge und einen unter internationaler Aufsicht stehenden politischen Dialog mit den Albanern zu verlangen.[124] Belgrad stimmte zumindest insofern zu, als man versprach, den Repressalien ein Ende zu setzen und internationale Beobachter im Kosovo zuzulassen.[125]

Die serbisch-jugoslawischen Armeeeinheiten wurden angewiesen, im Kosovo zurückhaltender zu operieren und so die Lage zu deeskalieren. Als direkte Folge der Zurückhaltung Belgrads erstarkte aber die UCK. Diese nutzte die temporäre Ruhe aus, um weite Teile im Zentral-Kosovo unter ihre Kontrolle zu bringen. Aus deutscher Sicht hatte man aber ungeachtet dieser Entwicklung bedeutende Fortschritte erzielt. Russland blieb weiterhin in die Kontaktgruppe einbezogen, und die Serben beugten sich zumindest zum Teil dem militärischen Druck. Außenminister Kinkel ließ deshalb in der Presse verlauten, man habe zwar Fortschritte erzielt, könne aber deshalb das militärische Drohpotenzial noch nicht abbauen. Eine militärische Intervention ohne ein UN-Mandat sei aber definitiv nicht das Ziel der Bundesregierung.[126]

Im Kosovo breiteten sich die Kämpfe unterdessen weiter aus, diesmal vor allem durch eine Offensive der UCK, welche zum ersten Mal vom Guerillakrieg zum offenen Kampf überging. Die serbisch-jugoslawischen Kräfte schlugen diese Offensive aber zurück und konnten der UCK eine deutliche Niederlage beibringen. Leidtragende der Kämpfe waren einmal mehr die Zivilisten. Laut eines Reportes des US State Departments befanden sich im September 1998 etwa 250.000 Menschen auf der Flucht.[127]

---

[123] vgl. Friedrich, S. 42

[124] vgl. ebd., S. 42

[125] vgl. Dischl, S. 132

[126] vgl. Kreidl, S. 77

[127] vgl. Kriegsverbrechen, S. 40

Aufgrund der sich verschärfenden Flüchtlingssituation schien also eine militärische Intervention wieder dringlicher, als es vor der UCK-Offensive der Fall war. Problematisch bei der praktischen Durchführung aber blieb, dass man weiterhin gegen den ausdrücklichen Willen Russlands hätte handeln müssen. Dort lehnte man nämlich einen Militärschlag unverändert ab. Russland hatte deutlich gemacht, dass eine jede entsprechende Entscheidung vor dem UN-Sicherheitsrat mit einem Veto zum Scheitern gebracht werden würde. Außerdem blieb das Problem, dass ein militärisches Intervenieren zunächst nur die serbisch-jugoslawische Seite treffen würde. Die UCK hingegen wäre verschont geblieben. Angesichts des rücksichtslosen Vorgehens der UCK schien dies keine Erfolg versprechende Option zu sein, wenn man das Blutvergießen auf beiden Seiten hätte verhindern wollen. Außenminister Kinkel plädierte aus all diesen Gründen dafür, erst ein Mandat des VN-Sicherheitsrates einzuholen, bevor man mit Gewalt einschreiten würde.[128] Verteidigungsminister Rühe allerdings betonte, dass ein VN-Mandat nur der „Königsweg" sei.[129]

Bis zum Ende der Legislaturperiode sprach sich die Bundesregierung relativ deutlich für ein militärisches Intervenieren aus. Ein Mandat des Sicherheitsrates wurde trotz Kinkels Position nicht unbedingt zur Voraussetzung gemacht. Die Opposition, zunächst in der Person von Günther Verheugen, hielt ein Vorgehen ohne Mandat hingegen für nicht diskussionswürdig.[130] Die Grünen ließen sogar verlauten, dass sie einem Parlamentsentschluss zum Einsatz der Bundeswehr im Kosovo niemals zustimmen würden. Vor dem Hintergrund der weiteren Ereignisse sollte hier ein Wandel stattfinden, der sondierungsbedürftig ist.

5.4 Der Wandel der Außenpolitik im Schatten des Regierungswechsels

Im Herbst 1998 konzentrierte sich die Außenpolitik Deutschlands in der Kosovo-Frage grob auf zwei Gebiete. Erstens versuchte man im Rahmen der Vereinten Nationen eine Resolution des Sicherheitsrates auf den Weg zu bringen. Zu dieser Zeit ging das

---

[128] vgl. BT-Plenarprotokoll 13/242 vom 19.06.1998, S. 22422

[129] vgl. ebd., S. 22420-22447

[130] vgl. Friedrich, S. 47

UNHCR nämlich davon aus, dass mehr als 270.000 Menschen im Kosovo vertrieben worden waren.[131]

Um der prekären Flüchtlingssituation Rechnung zu tragen, wurde deshalb die Resolution 1199, nach Vorschlag des französischen Präsidenten Chirac, verabschiedet. Im Einzelnen wurde eine sofortige Waffenruhe, Zugang für humanitäre Organisationen, die Einstellung von Repressalien gegenüber der Zivilbevölkerung sowie eine internationale Überwachung und eine Zusammenarbeit mit dem Kriegsverbrechertribunal in Den Haag gefordert.[132]

Eine direkte Intervention war nicht Bestandteil dieser Resolution, obwohl man im Kreise der NATO-Staaten auf eine Resolution im Sinne von Art. 42 der UN-Charta und damit auf die Androhung einer direkten militärischen Intervention gehofft hatte. Doch man einigte sich lediglich auf eine Resolution im Sinne von Artikel 40 der Charta der Vereinten Nationen. Wegen des drohenden Vetos aus Russland bzw. aus China konnte eine weitergehende Resolution nicht verabschiedet werden. Gerade Deutschland zeigte sich in dieser Frage durchaus an den Kurs Russlands gebunden. Obwohl man systematisch an der Vorbereitung einer eher „scharfen" Resolution gearbeitet hatte, wollte man in Bezug auf das Kosovo doch nicht ausdrücklich gegen die Position Russlands handeln. Laut Außenminister Kinkel sah man die Zustimmung Russlands nämlich als Grundbedingung für die Schaffung einer europäischen Sicherheitsarchitektur und der friedlichen Beilegung regionaler Krisen in Europa an.[133] Mit dieser Haltung wollte Deutschland Russland fester in das Sicherheitskonzept des Westens einbinden und schob dabei zugleich aber auch die Verantwortung für eine Zustimmung für einen möglichen Militäreinsatzes Moskau zu.

Die USA hatten freilich in der Zwischenzeit deutlich gemacht, dass man sich angesichts der humanitären Krise im Kosovo nicht mehr zwingend an eine Resolution des UN-Sicherheitsrates binden würde.[134] Während es den USA und auch der NATO vor allem darauf ankam, sich alle Möglichkeiten zur Intervention offenzuhalten,

---

[131] vgl. Dischl, S. 133

[132] vgl. Resolution 1199 (1998) des Sicherheitsrates der Vereinten Nationen. In: http://www.un.org/peace/kosovo/98sc1199.htm

[133] vgl. Dischl, S. 134

[134] vgl. Friedrich, S. 48

wollte Russland verhindern, dass der NATO über eine Resolution des UN-Sicherheitsrates eine Vollmacht zum militärischen Eingreifen ausgestellt würde. Deutschland hatte bis hierhin eine Vermittlerrolle eingenommen und versuchte durch geschicktes Lavieren Einfluss auf den Gesamtprozess zu nehmen. Letztendlich festlegen wollte man sich in der Interventionsfrage aber noch nicht, zumal sich bei der Bundestagswahl von 1998 ein Regierungswechsel abzeichnete.

Im Kontext der Verabschiedung der Resolution 1199 wurden in der NATO Stimmen laut, dass man gegenüber Belgrad Stärke demonstrieren müsse, um die Glaubwürdigkeit der Allianz nicht aufs Spiel zu setzen.[135] Um den Druck auf Belgrad aufrechtzuerhalten, erließ die NATO deshalb einen Tag nach der Verabschiedung einen Aktivierungsbefehl, ACTWARN, und erhöhte so den Bereitschaftsgrad für mögliche Luftangriffe im Kosovo.[136] Die Bundesregierung beschloss im Bezug auf ACTWARN am 30.09.1998 die Bereitstellung von Tornado-Kampfflugzeugen für eine gemeinsame NATO-Aktion.[137] Man handelte also innerhalb der NATO nicht so wie im Rahmen der VN. Dort hatte man noch darauf hingewiesen, dass ohne die Zustimmung Russlands eine militärische Operation keine Option sei. Verständlich wird dieses zwiespältige Verhalten dadurch, dass innerhalb der NATO noch kein endgültiger Beschluss zum Militäreinsatz getroffen worden war und man nicht die Glaubwürdigkeit der Drohung gefährden wollte. Im Übrigen war die Außenpolitik der damaligen Bundesregierung sowohl durch eine enge Kooperation mit den USA als auch durch eine Miteinbeziehung des UN-Sicherheitsrates geprägt, was ein Grund für das nicht eindeutige Verhalten gewesen sein könnte.

Der Beschluss zur Bereitstellung von Flugzeugen wurde nach Rücksprache mit der alten Bundesregierung zusammen mit dem neu gewählten Kanzler Schröder und seinem Außenminister Fischer getroffen. Es votierte also sowohl die alte als auch die neue Bundesregierung für einen Einsatz deutschen Militärs im Kosovo, obwohl Regierung und Opposition vor der Bundestagswahl 1998 ein Ein-

---

[135] vgl. ebd., S.49

[136] vgl. Dischl, S. 134

[137] vgl. Kreidl, S. 79

greifen deutscher Truppen noch strikt abgelehnt hatten, solange kein Mandat des VN-Sicherheitsrates vorliegen würde.

5.5 Die Holbrooke-Mission

In der Übergangsphase von der 13. zur 14. Legislaturperiode befanden sich die Bundesregierung und der Bundestag in einer schwierigen Lage. Gerade in einer Zeit, in der die neue Regierung mit der Übernahme der Amtsgeschäfte vollkommen in Anspruch genommen wurde, spitzten sich die Ereignisse im Kosovo derart zu, dass man sich gezwungen sah, der veränderten Lage Rechnung zu tragen. Wie schon zuvor beschrieben, hatten die VN und die NATO bereits auf die Flüchtlingssituation im Kosovo reagiert. Im Sicherheitsrat wurde eine neue Resolution verabschiedet, und die NATO ging sogar so weit, dass man mit der konkreten Ausplanung einer militärischen Intervention begann.

Währenddessen hatte der amerikanische Sonderbotschafter Holbrooke damit begonnen, mit Präsident Milošević über eine friedliche Lösung im Kosovo-Konflikt zu verhandeln. Basis für die Gespräche war dabei die schon be-handelte UN-Resolution 1199, deren Inhalt Kernelement eines Abkommens zur Friedensschaffung im Kosovo sein sollte.[138] Unterstützt wurde Holbrooke dabei von dem polnischen Außenminister Geremek in seiner Position als Vorsitzender der OSZE.[139] Der Beweggrund für Milošević, sich abermals in Verhandlungen mit Vertretern des Westens bzw. der OSZE zu begeben, war dabei nicht ein plötzlicher politischer Umschwung hin zu einer diplomatischen Lösung der Kosovo-Frage. Vielmehr waren die Gespräche ein Produkt des schon zitierten Vor-Aktivierungsbefehls der NATO, ACTWARN. Gestützt auf massives militärisches Drohpotenzial konnte man Milošević Zugeständnisse abringen, die vorher weder von der EU noch von der Kosovo-Kontaktgruppe erreicht worden waren.[140] Unter anderem einigte man sich auf die Aufnahme eines friedlichen Dialogs zur Problemlösung im Kosovo, auf die Berücksichtigung der Rechte und der

---

[138] vgl. Dischl, S. 138

[139] vgl. ebd., S. 138

[140] vgl. Friedrich, S. 58

Gleichberechtigung der Kosovo-Albaner, auf eine autonome Verwaltung, sowie auf demokratische Wahlen.[141]

Die Bundesregierung wurde dabei allerdings, genau wie die anderen westlichen Regierungen in der Kontaktgruppe auch, nur mündlich über die Vereinbarung unterrichtet. Inhaltliche Details erfuhr die Bundesregierung sogar nur durch eine kurze Note des amerikanischen Botschafters in Bonn.[142] Die Holbrooke-Mission war also in erster Linie eine Initiative der USA ohne eine direkte Beteiligung der Kontaktgruppe.

Erkauft wurde die Vereinbarung Holbrookes dabei durch eine Reihe von Konzessionen, ohne die Belgrad trotz der militärischen Drohgebärden der NATO nicht zu einem Einlenken bereit gewesen wäre. Insgesamt sollten weiterhin mehr als 20.000 Mann des serbischen Sicherheitsapparates im Kosovo verbleiben. Diese Sicherheitskräfte sollten sich nach dem Abkommen aus etwa 10.000 Mitgliedern des Sicherheitsdienstes des Innenministeriums sowie 11.300 regulären Soldaten der Volksrepublik Jugoslawien zusammensetzen.[143] Außerdem sollte der geforderte Dialog zwischen den Serben und den Kosovo-Albanern unter den Augen von zivilen Beobachtern der OSZE, und nicht der NATO, stattfinden. Allerdings sollte die NATO mit unbewaffneten Luftaufklärern beteiligt sein.[144]

Im Zuge dessen wurde am 15. Oktober 1998 ein Abkommen über die sog. *Kosovo Verification Mission* (KVM) abgeschlossen, welches die Überwachung des Friedensprozesses durch die erwähnten Beobachter der OSZE regelte.[145] In der Praxis bedeutete dies, dass sich unbewaffnete OSZE-Beobachter mehr als 20.000 Mann Sicherheitspersonal der Republik Jugoslawien bzw. der Teilrepublik Serbien gegenübersahen. Fraglich war in dieser Situation deshalb sicherlich, ob Milošević sich an alle Vereinbarungen halten würde.

---

[141] vgl. Serbian Government Endorses Accord Reached by President Milosevic, Belgrade, 13. October 1998. In: Weller, S. 279

[142] vgl. Friedrich, S. 58

[143] vgl. Record of NATO-Serbia/FRY Meeting in Belgrade, 25. October 1998. In: Weller, S. 283

[144] vgl. Dischl, S. 138

[145] vgl. NATO/FRY Kosovo Verification Mission Agreement, FRY, 15. October 1998. In: Weller, S. 281

Tatsächlich aber schien das internationale Misstrauen gegenüber den Ergebnissen der Holbrooke-Mission zunächst unbegründet zu sein. Die Truppen der Serben bzw. des jugoslawischen Zentralstaates zogen sich umgehend zurück, so dass der NATO-Rat bereits am 27. Oktober 1998 feststellen konnte, dass die Auflagen der Staatengemeinschaft erfüllt worden waren.[146] Trotzdem beschloss die NATO, ACTORD, ihren letzten Aktivierungsbefehl, weiterhin aufrechtzuerhalten. Durch die Aufrecht-erhaltung der Drohkulisse sollte verhindert werden, dass Milošević sich nach den anfänglichen Zugeständnissen bald wieder auf die bekannte Blockadeposition zurückziehen konnte. Insgesamt stellte die Holbrooke-Mission einen Durchbruch in den diplomatischen Bemühungen des Westens dar. Milošević hatte Zugeständnisse gemacht, die noch kurz zuvor völlig utopisch gewesen wären. Eine Reduzierung des Sicherheitsapparates sowie die sofortige Einstellung der Kämpfe war ein Erfolg, auf dem eine friedliche Neuordnung des Kosovos sicherlich hätte aufbauen können.

Problematisch an dem Abkommen aber war, dass man nur eine der Konfliktparteien einbezogen hatte. Zu diesem Zeitpunkt war die selbst ernannte Befreiungsarmee der Kosovo-Albaner, die UCK, so weit erstarkt, dass man sie als wichtigen Faktor in den Friedensprozess mit hätte integrieren müssen. Auch wenn die UCK zuvor eine klare Niederlage gegen die Serben hatte hinnehmen müssen, war sie immer noch ein militärischer Faktor. Man wartete ganz im Gegenteil darauf, nach einer kurzen Phase der Reorganisation bald wieder den Kampf gegen die Sicherheitskräfte der Serben bzw. des Zentralstaates aufnehmen zu können. Die UCK nicht direkt mit in die Holbrooke-Mission einzubeziehen, war in dieser Hinsicht ein großes Risiko. Begründet werden kann die fehlende Einbindung der UCK sicherlich damit, dass man schnell Ergebnisse erzielen wollte. Verhandlungen mit der UCK, einer schwer einzuschätzenden, eher heterogenen Organisation, wären sicherlich problematisch gewesen. Die UCK hatte im Vorfeld der Verhandlungen gefordert, dass zur Beobachtung des Waffenstillstandes bewaffnete Truppen der OSZE im Kosovo stationiert werden sollten.[147] Dass dies im Abkommen anders festgelegt wurde, war dann auch für die UCK ein Grund zur Kritik. Außerdem stellte das Abkommen für die UCK keine akzep-

---

[146] vgl. Friedrich, S. 59
[147] vgl. Dischl, S. 142

table Lösung dar, da es angeblich die Unabhängigkeit des Kosovos unterminierte.[148] Grundsätzlich stellte sich die UCK sogar auf den Standpunkt, dass man nicht an den Waffenstillstand gebunden sei, da man ja auch nicht an den Verhandlungen teilnehmen durfte. Während etwa jugoslawische Offiziere in einem NATO-Stab arbeiteten und im Austausch Offiziere der NATO im jugoslawischen Generalstab mit einbezogen wurden, gab es keinen Ansprechpartner der UCK, der mit in die Umsetzung der *KVM* eingebunden gewesen wäre.[149] Ebenfalls problematisch war, dass laut Abkommen die Beobachter der OSZE auf den Schutz der Serben bzw. der Jugoslawen angewiesen sein würden. Da man vereinbart hatte, dass die Kontrolleure unbewaffnet arbeiten sollten, gab es hierzu kaum Alternativen. Die UCK hätte dieses Faktum aber durchaus als eine Parteinahme auffassen können oder wenigstens von der Vermutung ausgehen können, dass die Kontrollen nicht ohne eine gewisse Steuerung seitens der Sicherheitskräfte verlaufen würden.

Die Gründe für die fehlende Bewaffnung der Beobachter der OSZE waren vielschichtig. Gerade die USA wollten zunächst keine eigenen Truppen im Kosovo stationiert sehen. Man wäre direkt zwischen die Fronten der Serben und der UCK geraten, was unter Umständen zu einer extrem heiklen Missionslage hätte führen können. Außerdem standen gerade Wahlen zum Kongress an, so dass eine Billigung der Beteiligung von amerikanischen Bodentruppen kaum infrage gekommen wäre. [150]

Zu beachten bleibt, dass der Sicherheitsrat der Vereinten Nationen am 24. Oktober 1998 eine Resolution zur Unterstützung der *KVM* verabschiedet hatte. Inhaltlich ging es dabei um die Billigung des Holbrooke- Milošević- Abkommens und die Forderung nach dessen rascher Umsetzung, eine weitere Aufforderung zur Umsetzung der Resolution 1199 sowie die Aufforderung an internationale Organisationen, der *KVM* Personal zur Verfügung zu stellen.[151] Interessant an dieser Resolution war, dass sie einen Passus für den Fall möglicher Bedrohungssituationen während der *KVM* enthielt. Laut

---

[148] vgl. ebd., S. 143

[149] vgl. Heinz Loquai: Der Kosovo-Konflikt – Wege in einen vermeidbaren Krieg, Baden-Baden 2000, S. 32. Im Weiteren zitiert als: Loquai

[150] vgl. Dischl, S. 143

[151] vgl. Resolution 1203 (1998), 24. October 1998. In: Weller, S. 191

Resolution sollte es möglich sein, notfalls die Sicherheit und die Bewegungsfreiheit der Kontrolleure zu gewährleisten. Diese vorsichtige Formulierung sollte später dazu verwendet werden, die Operation *Allied Force* im Kosovo zu rechtfertigen.

5.6 Die Bundestagsdebatte vom 16.10.1998

Am 16.10.1998 kam der Bundestag zusammen, um über eine mögliche Entsendung von Bundeswehr-Kontingenten im Rahmen einer NATO-Interventionsstreitmacht zu entscheiden.

Deutschland sah sich im Hinblick auf die Holbrooke-Mission und dem daraus resultierenden *ACTCORD-* Status der NATO dazu gezwungen, sofort auf die Lage zu reagieren, obwohl das neue Kabinett erst Ende Oktober vereidigt werden sollte. Diese Zeit abzuwarten, war aber nicht möglich, da die alte Regierung bereits am 12. Oktober 1998 zugestimmt hatte, an einem nicht durch den UN-Sicherheitsrat mandatierten Luftkrieg gegen die Bundesrepublik Jugoslawien teilzunehmen.[152] Dieser Beschluss war zwar bereits mit der neuen Regierung unter Kanzler Schröder abgestimmt worden. Dennoch musste auch der neue Bundestag sein Plazet geben, Tornado-Kampfflugzeuge bei einem etwaigen NATO-Einsatz beizusteuern. Es ist fraglich, ob sich die Abgeordneten damals über die Tragweite eines positiven Entschlusses des Plenums für die Außen- und Sicherheitspolitik der Bundesrepublik Deutschland im Klaren waren. Ging es doch um einen Kampfeinsatz der Bundeswehr nicht nur ohne ein Mandat der Vereinten Nationen, sondern auch ohne dass die NATO direkt angegriffen worden wäre. Das Fehlen dieser beiden Voraussetzungen hätte die Abgeordneten des Bundestages durchaus zu einer Ablehnung des Antrages bringen können. Allerdings muss gesagt werden: Vor der Abstimmung war die Problematik sowohl von der alten als auch von der neuen Bundesregierung heruntergespielt worden. So wurde etwa die Vokabel Krieg bei der Recht-fertigung des Einsatzes nicht benutzt. Man umschrieb den Einsatz stattdessen mit „begrenzten Luftoperationen", „eventuellem Einsatz von Truppen" oder auch „Gewaltanwendung".[153] Die Entscheidung wurde also verharmlost, der zu treffende Beschluss nicht als potentieller Präzedenzfall gekennzeichnet.

---

[152] vgl. Loquai, S. 14

[153] vgl. Kriegsverbrechen, S. 39

Im Übrigen führte der designierte Bundeskanzler Schröder im Vorfeld der Abstimmung aus, dass es höchstwahrscheinlich nicht zu einem Einsatz der Flugzeuge kommen würde.[154] Nur der damalige Vorsitzende der PDS, Gregor Gysi, nannte den anstehenden Beschluss eine Zustimmung zum Krieg und ging sogar so weit, der Bundesregierung vorzuwerfen, dass diese einen Vorratsbeschluss einfordere.[155] Von der neuen Bundesregierung selbst wurde jedenfalls nicht klargestellt, dass sie vor einem tatsächlichen Einsatz der Bundeswehr eine weitere Diskussion im Bundestag nicht für erforderlich hielt.

Die Begründung des Einsatzes bezog sich generell auf die Situation der Albaner im Kosovo und speziell auf die Flüchtlinge. Die Gefahr einer humanitären Katastrophe und die daraus resultierende Notwendigkeit, schwere und systematische Menschenrechtsverletzungen im Kosovo zu unterbinden, wurden als Beweggrund angeführt.[156] Der spätere Außen-minister Fischer ging noch einen Schritt weiter, indem er nicht nur die humanitäre Situation im Kosovo als Begründung für den Einsatz anführte, sondern zudem noch davon sprach, dass von der Politik Miloševićs eine dauerhafte Bedrohung für den Frieden in Europa ausgehe. Auch deshalb sei eine Intervention unumgänglich.[157] Fischer verband also den Auftrag der Bundeswehr eindeutig mit der Beseitigung einer Gefahr für den Frieden in Europa und nicht nur mit der humanitären Situation im Kosovo.

Die Notwendigkeit eines Mandates der Vereinten Nationen wurde dabei mit keinem Wort erwähnt.

Selbst wenn man nun der Argumentation Fischers gefolgt wäre und die Lage der Flüchtlinge zum Beweggrund für einen Militäreinsatz im Kosovo hätte machen wollen, wäre doch zu verzeichnen gewesen, dass die Lage im Kosovo mittlerweile längst nicht mehr so dramatisch war. Die ent-sprechenden Aussagen Fischers oder auch Kinkels waren nämlich zumindest fragwürdig, wenn man etwa einen Bericht des amerikanischen Außenministeriums vom 05.03.1999

---

[154] vgl. Kriegsverbrechen, S. 39

[155] vgl. Blickpunkt Bundestag November 04/98. In:
http://www.bundestag.de/bp/1998/bp9804/9804023.html

[156] vgl. Loquai, S. 118

[157] vgl. Plenarprotokoll 13/248 des Deutschen Bundestages vom 16.10.1998, S. 23141. Im Weiteren zitiert als: Protokoll 13/248

zu Rate zieht. Laut amerikanischen Quellen war der Höhepunkt der Fluchtbewegung, zumindest bis zur militärischen Intervention der NATO, bereits im September 1998 erreicht worden. Damals waren etwa 250.000 Menschen im Kosovo auf der Flucht. Bis zum Oktober 1998 hatte sich die Lage aber deutlich entspannt. Der OSZE-Beobachter Heinz Loquai sagte nach seinem Einsatz im Kosovo aus, dass sich die Rückkehr der Flüchtlinge sogar noch beschleunigt hätte, wenn die von Holbrooke ausgehandelte Waffenruhe sich als stabil erwiesen hätte und nicht vor allem von der UCK gestört worden wäre.[158] Eine humanitäre Katastrophe schien, zumindest nach Loquai, nicht unmittelbar zu drohen. Ein etwas negativeres Bild zeichnete dagegen der ebenfalls im Rahmen der OSZE im Kosovo eingesetzte Andreas Rauch. Dieser beschrieb die Situation im Gegensatz zu Loquai als deutlich prekärer und schätzte die Lage der Flüchtlinge auch in dieser Phase der Entspannung als unvermindert schwierig ein.[159] Rauchs Aussage wird wiederum durch einen Lagebericht des AA vom 18.11.1998 relativiert, in dem dargelegt wird, dass es weder Beweise für Massaker noch für Massengräber gäbe. Außerdem verlief laut diesem Bericht das öffentliche Leben in weiten Teilen des Kosovos, etwa in Städten wie Pristina, Gnijlan und Urosevic, weitgehend in normalen Bahnen. Weiterhin war danach der Rückkehrprozess der Flüchtlinge offensichtlich in größerem Rahmen in Gang gekommen.[160] Tatsächlich widerspricht also das AA den Angaben des deutschen Außenministers.

Unabhängig von den differierenden Berichten der Beobachter bleibt festzuhalten, dass während der Debatte am 16.10.1998 fragwürdige Angaben zur Situation im Kosovo und unpräzise Aussagen zum Einsatz der Bundeswehr gemacht wurden. Außer der PDS meldete aber keine Partei generelle Bedenken gegen einen Militäreinsatz an, obwohl die völker-rechtliche Grundlage einer Intervention zumindest unsicher war.

Der Höhepunkt der dramatisierenden Beschreibung der Situation im Kosovo wurde dann schließlich mit der Rede des neuen Verteidigungsministers Rudolf Scharping erreicht. Er betonte, dass der

---

[158] vgl. Loquai, S. 31

[159] vgl. Andreas Rauch: Auslandseinsätze der Bundeswehr, Baden-Baden 2006, S. 186. Im Weiteren zitiert als: Rauch

[160] vgl. Lagebericht des AA vom 18.11.1998. In: Kriegsverbrechen, S. 181

im Rahmen der Holbrooke-Mission ausgehandelte Rückzug der jugoslawischen Streitkräfte noch längst nicht erfüllt worden wäre.[161] Wie schon beschrieben, konnte die OSZE aber bestätigen, dass der Rückzug der Sicherheitskräfte in vollem Gange war und schon kurze Zeit später alle Forderungen des Westens von Seiten der Serben bzw. der Republik Jugoslawien erfüllt worden waren. Die Zahlen der noch im Kosovo befindlichen serbisch-jugoslawischen Sicherheitskräfte, die Scharping vor dem Bundestag zitierte, waren im Übrigen genau die, die auch zur Erfüllung der Vereinbarung notwendig gewesen wären. Wenn man also davon ausgeht, dass Rudolf Scharping die Zahlen nach bestem Wissen und Gewissen so hat verlauten lassen, muss man ihm attestieren, dass er über die tatsächliche Lage im Kosovo und die Mission des Sonderbotschafters Holbrooke nicht richtig informiert war. Entweder hat er den Bundestag getäuscht, oder aber er hat sich sehr nachlässig auf diese richtungweisende Sitzung des Bundestages vorbereitet!

Abschließend kann gesagt werden, dass die Kosovo-Politik Deutschlands im Herbst 1998 durch eine hohe Bereitschaft zur militärischen Intervention gekennzeichnet war. Erklärungsbedürftig bleibt, wieso man von der zurückhaltenden Kosovo-Politik der Vorjahre so radikal auf eine militärische Lösung umschwenkte. Eine Erklärung wäre, dass man sich gerade während des Regierungswechsels demonstrativ an die Seite der USA stellen wollte. Diese hatten schon lange auf einen härteren Kurs in der Kosovo-Frage gedrängt. Ein anderes Motiv könnte sein, dass im Zuge der Umgestaltungen in Europa die NATO als Organisation ausgedient zu haben schien und Deutschland die Position der NATO nachhaltig stützen wollte. Wenn die NATO im Kosovo nämlich wirksam agieren würde, hätte sie den Beweis antreten können, weiterhin gebraucht zu werden. Nationalstaatliche Interessen könnten hier vor den Interessen der Institution zurückgestellt worden sein. Oder genauer: Die Beteiligung an der ersten „ernsthaften" Militäraktion der NATO seit deren Bestehen war der deutschen Führung wichtiger als nationale Vorbehalte, weil es gerade auch im Rahmen der Institution NATO um nationales Prestige und Einfluss zu gehen schien.

Dass man in Europa ganz allgemein sehr kritisch mit den Serben und sehr viel weniger kritisch mit den Kosovo-Albanern um-

---

[161] Protokoll des Bundestages 13/248, S. 23417

ging, war möglicherweise ein weiterer Faktor, der die Bundesregierung zum dargestellten Verhalten bewegt haben könnte.

6. Die Kosovo Verification Mission

Die durch massive Drohungen von Sonderbotschafter Holbrooke zustande gekommene *Kosovo Verification Mission* (KVM) wurde am 25. Oktober 1998 durch den Ständigen Rat der OSZE gebilligt. In der Folge wurde die Entsendung von bis zu 2.000 Beobachtern beschlossen.[162] Die Haupt-aufgabe der Mission sollte darin bestehen, die Einhaltung der Resolution 1199 zu überwachen und darüber dem Ständigen Rat der OSZE bzw. dem VN-Sicherheitsrat zu berichten.[163] Weiterhin war es die Zielsetzung, zwischen Serben und Kosovo-Albanern vermittelnd zu agieren und dadurch Hilfestellung für einen stabilen Frieden im Kosovo zu leisten. Initiator der Mission waren dabei ganz klar die USA. Die Amerikaner hatten schon beim OSZE-Treffen in Wien am 16. Oktober 1998 Pläne vorgelegt, nach denen die KVM dann letztlich auch verlaufen sollte. Man hatte im Vorfeld sogar schon erreicht, dass ein US-Amerikaner mit der Leitung der Mission betraut wurde, ohne dass zuvor überhaupt mit den anderen Teilnehmern der KVM konferiert worden war. Durch Druck auf Polen, das, wie schon erwähnt, den Vorsitz der OSZE innehatte, war es gelungen, diese Schlüsselposition frühzeitig zu besetzen. So konnte der Mission von Beginn an ein amerikanischer Stempel aufgedrückt werden.[164]

6.1 Schwächen der KVM

Problematisch bei der Durchführung der KVM war von Beginn an die relativ dünne Personaldecke. Holbrooke hatte im Vorfeld der Mission verlauten lassen, dass er gedenke, das Kosovo mit Beobachtern zu überschwemmen. Im November 1998 befanden sich dennoch erst ca. 300 Kontrolleure vor Ort![165] Tatsächlich gab es massive Probleme, die geplanten Kontingente auch wirklich für das Kosovo bereitzustellen. Gerade an Fachpersonal herrschte fast durchgängig großer Mangel. So waren zwar im Dezember 1998, nach einem gewissen Personalaufwuchs, etwa 800 Mitarbeiter der OSZE vor Ort. Von diesen 800 Personen war aber nur ein Drittel auch für die Ü-

---

[162] vgl. Friedrich, S. 59

[163] vgl. Loquai, S. 56

[164] vgl. ebd., S. 57

[165] vgl. Friedrich, S. 59

berwachung zuständig. Der Rest verteilte sich auf Fahrer, Sekretärinnen und Dolmetscher.[166] Diesen Personen kam sicherlich eine nicht zu unterschätzende Bedeutung für die Mission zu, dennoch wären weitere Kräfte zur tatsächlichen Überwachung wirkungsvoller gewesen. Selbst zur Zeit des Abbruchs der KVM waren erst ca. 60 Prozent der vereinbarten Höchststärke erreicht worden.

Da man sich dieser Problematik schnell bewusst wurde, beantragte man in Belgrad die Beobachtertätigkeit der im Sommer 1998 eingerichteten *Kosovo Diplomatic Observer Mission* auszuweiten und deren Personal als Beobachter für die OSZE zu nutzen. Diese Lösung war zwar für den Moment praktikabel, stellte aber dennoch keinen adäquaten Ersatz für die vorgesehenen 2.000 Beobachter der KVM dar. Zusätzlich problematisch war die Ausrüstung der Beobachter. Ausgehandelt worden war eine unbewaffnete Truppe, die sich im Falle eines Angriffs natürlich als höchst verwundbar erwiesen hätte. Diese Tatsache wurde spätestens dann deutlich, als die wieder erstarkten Verbände der UCK in die zunächst verlorenen Gebiete zurückkehrten und eine neue Angriffswelle vorbereiteten bzw. durchführten. Der fehlende Bezug zur kosovo-albanischen Seite war es unter anderem also, welche die KVM frühzeitig vor massive Probleme stellte.

Für die Bundesregierung stellte die KVM einen zentralen Punkt ihrer Außenpolitik dar, was der neue Bundeskanzler Schröder in seiner ersten Regierungserklärung am 10. November 1998 auch unmissverständlich verdeutlichte.[167] Allerdings wurde die KVM von den beteiligten Ministerien unterschiedlich bewertet. Das Bundesverteidigungsministerium sah durchaus Chancen, dass die KVM zu einer nachhaltigen Verbesserung der Situation im Kosovo führen könnte. Das Auswärtige Amt dagegen war von Anfang an wegen der fehlenden Durchsetzungsmöglichkeiten der Kontrolleure besorgt. Staatssekretär Ischinger (AA) etwa sagte später aus, dass man nicht davon ausging, dass Milošević ohne handfeste militärische Kapazitäten der KVM zum Einlenken bereit sein würde.[168]

Trotz dieser Befürchtungen lief die Mission vor Ort aber zunächst gut an, wenngleich sich schnell Probleme zeigten, die vor al-

---

[166] vgl. Loquai, S. 64

[167] vgl. Friedrich, S. 61

[168] Friedrich, S. 61

lem in Zusammenhang mit der relativ kleinen Zahl der Kontrolleure standen. Da man zu Anfang der Mission nur wenige Kräfte vor Ort hatte, musste man sich fast ausschließlich auf die Brennpunkte des Konfliktes konzentrieren, ohne eine flächendeckende Überwachung aufbauen zu können. Wenn man auf diese Weise punktuell auch Ergebnisse hatte erzielen können, sind dennoch weite Teile des Kosovos niemals von OSZE-Beobachtern kontrolliert worden.

Problematisch blieb außerdem die schon angesprochene diffuse Struktur der UCK. Von den Spitzen der UCK wurde der KVM zwar Unterstützung zugesagt, aber nicht immer hielten sich auch die lokalen Kommandeure vor Ort an diese Anweisungen.[169] Überraschenderweise gab es dagegen zu Beginn der Mission kaum Probleme mit den jugoslawischen Militärs. Die Waffeninspektionen verliefen weitgehend reibungslos, und das Verhältnis zwischen den Beobachtern und den jugoslawischen Offizieren gestaltete sich professionell bis freundschaftlich.[170] Auffällig ist, dass nur etwa 0,5 Prozent aller Einsätze der KVM durch Serben oder durch die Bundesrepublik Jugoslawien behindert wurden![171] Als Konsequenz konnten sich die Beobachter der OSZE deshalb einen sehr guten Ruf bei den Kriegs-parteien, vor allem aber auch bei der zivilen Bevölkerung erarbeiten. Dadurch, dass man mäßigend auf beide Seiten einzuwirken verstand, war es möglich, die Lage tatsächlich zu entspannen und die Bedingungen für die Zivilisten immens zu verbessern. Einziges Hemmnis blieb dabei die schon mehrfach zitierte zahlenmäßige Schwäche der Beobachter. Vor allem Teile der UCK nutzten die Waffenruhe und die vielerorts fehlende Präsenz der OSZE-Beobachter immer wieder für Bombenattentate und Angriffe.[172]

In Anbetracht des Verhaltens der UCK bleibt es deshalb verwunderlich, dass die Serben bei der westlichen Berichterstattung generell negativ und unkooperativ dargestellt wurden, während die Albaner für die westliche Presse durchgängig als die einzigen Opfer des Konfliktes galten. Vorurteile und Sympathie für den scheinbar Schwächeren mögen hier eine Rolle gespielt haben. Möglich wäre aber auch, dass die Presse schon im Hinblick auf eine potenzielle

---

[169] vgl. Loquai, S. 60
[170] vgl. ebd., S. 57
[171] vgl. ebd., S. 64
[172] vgl. ebd., S. 61

Militäroperation des Westens mehr oder weniger absichtlich falsch informiert worden war. Fakt bleibt, dass die Situation der KVM nach anfänglichen Erfolgen immer schwieriger wurde. Die Verschärfung der Kämpfe in Verbindung mit mangelnder Zahl und Aus-rüstung der Kontrolleure war dann die Kombination, welche der Arbeit der Beobachter immer weniger Chancen ließ. Zum Ende wurde auch die Zusammenarbeit mit den Verantwortlichen der jugoslawischen Sicherheitskräfte und der UCK immer problematischer.[173] Am 6. Januar 1999 stellte der NATO-Rat außerdem fest, dass die Zahl der Gewalttaten im Kosovo stark gestiegen sei.[174]

Im Zusammenhang mit der sich verschärfenden Situation monierte Milošević am 11.01.1999 im Gespräch mit dem neuen norwegischen Vorsitzenden der OSZE dann auch, dass gerade die unvollständige Stationierung der Beobachter zu einer Ausweitung der Bombenattentate der UCK geführt habe.[175] Weiterhin sei der amerikanische Missionschef Walker nicht daran interessiert, sich mit der Aufklärung albanischer Verbrechen zu beschäftigen, sondern eher daran, die Serben nicht begangener Untaten zu bezichtigen. Die Mission stünde generell nicht unter der Aufsicht der OSZE, sondern ganz unter der Kontrolle der Amerikaner und der NATO. Dies sei ein klarer Bruch der Vereinbarungen zwischen Holbrooke und der serbischen Führung. Nach Einschätzung des OSZE-Beobachters Heinz Loquai, Brigadegeneral der Bundeswehr a.D., war diese Kritik nicht ganz unberechtigt. Die Schlüsselfunktionen in der OSZE-Mission hatten fast ausschließlich Amerikaner und Briten inne.[176]

Die USA vertraten bereits am 20. Januar 1999 bei der Sitzung des NATO-Rats die Position, dass man nicht um jeden Preis an der OSZE-Mission im Kosovo festhalten solle. Kurz darauf forderte man deshalb Maßnahmen, um die Kontrolleure bei bevorstehenden Gewaltausbrüchen umgehend evakuieren zu können.[177] Da man sich daraufhin in der NATO, angeregt durch die USA, schon recht frühzeitig für eine mögliche Evakuierung der Beobachter rüstete, stellt sich die Frage, wie ernst der Westen die ganze Mission am Ende

---

[173] vgl. Loquai, S. 61
[174] vgl. Friedrich, S. 63
[175] vgl. Loquai, S. 61
[176] vgl. ebd., S. 62
[177] vgl. Loquai, S. 63

noch nahm und ob sein Auftreten wirklich noch auf glaubwürdige Weise neutral war.

Die sog. *Extraction Force*, also die für eine Evakuierung benötigte Truppe, war gemäß dem neuen Außenminister Fischer nur dafür gedacht, für alle Eventualitäten einer zunehmenden Gefährdung der Beobachter gerüstet zu sein. Nach Verteidigungsminister Rudolf Scharping aber war die Truppe durchaus auch als Druckmittel gegen Milošević geplant.[178] Durch seine öffentlich erklärte Position wird belegt, dass man nicht zuletzt auch militärisch auf die Serben einwirken wollte. Zugleich fehlte das Drohpotenzial in Richtung UCK. Eine gewisse Parteilichkeit kann also festgestellt werden, was die Kritik Miloševićs aus heutiger Sicht unterstützt.

Generell schwierig gestaltete sich nicht nur das Agieren der Kontrolleure im Kosovo selbst, sondern auch die diplomatische Seite der Friedensmission. So konnten durch die diplomatischen Pendelmissionen des OSZE-Sonderbotschafters Hill und des späteren EU-Chefunterhändlers in Rambouillet, Petritsch, keinerlei Fortschritte erreicht werden. Weder bei den Serben noch bei den Albanern war man bereit, Kompromisse einzugehen.[179] Die Einmischung Hills wurde vom jugoslawischen Parlament sogar als Ein-griff in innerjugoslawische Angelegenheiten verurteilt. Im Zusammenhang damit wurden etwa Presseberichte lanciert, welche die CIA in Verbindung mit einem angeblich geplanten Sturz Miloševićs brachten.[180]

Gleichzeitig kam es zusätzlich zu einer weiteren Eskalation der Gewalt. Zunächst rieben serbische Verbände eine UCK-Einheit im Grenzgebiet zu Albanien auf. Das wiederum führte zu einem Bombenanschlag in einem Café in Peja, bei dem sechs serbische Studenten getötet wurden.[181] Im Anschluss daran beschossen serbische Verbände zusammen mit Verbänden der Republik Jugoslawien albanische Dörfer. Die Gewaltspirale begann sich also noch schneller zu drehen, was die Erfolge der KVM immer weiter unterminierte. Bis zu diesem Zeitpunkt waren große Teile der Vertriebenen bzw. der Flüchtlinge zurück in ihre Häuser gekehrt, mussten nun aber

---

[178] vgl. Friedrich, S. 63

[179] vgl. Dischl, S. 147

[180] vgl. ebd., S. 147

[181] vgl. Friedrich, S. 63

angesichts der Verschärfung der Lage wieder in sicherere Gebiete ausweichen.

6.2 Das „Massaker" von Racak

Am 15. Januar 1999 kam es in Racak zu einem Vorfall, bei dem bis zu 34 Menschen den Tod gefunden haben sollen. Um den Tod dieser Menschen entwickelte sich im Anschluss eine umfangreiche Medienkampagne gegen die Serben. Gesicherte Informationen über das sog. Massaker von Racak gibt es aber bis heute kaum, da der Vorfall im Besonderen durch die UCK massiv propagandistisch ausgenutzt wurde und die westliche Presse sehr schnell die Behauptungen der Albaner übernommen und gestützt hat. Zudem wurde der Vorfall massiv von den westlichen Regierungen ausgeschlachtet und letztlich sogar als Legitimation für die spätere Operation *Allied Force* genutzt. Bis heute bleibt es deshalb schwierig, den tatsächlichen Verlauf oder die wirklich Schuldigen des Massakers zu bestimmen. Wie wichtig Racak aber für die Legitimation des Luftkrieges der NATO gegen Serbien war, zeigt allein schon der Umstand, dass es das einzige Verbrechen vor dem 24.03.1999 war, für das sich Milošević vor dem Kriegsverbrechertribunal rechtfertigen musste.[182]

Auch für den Chef der KVM, Walker, war Racak die wichtigste Legitimation für die Luftschläge. In seinem „Special Report" direkt nach den Ereignissen von Racak sprach er von der Verstümmelung von unbewaffneten Zivilisten, von willkürlichen Verhaftungen und davon, dass viele Opfer aus nächster Nähe erschossen worden wären.[183] Schuldig waren nach Auffassung Walkers eindeutig die Serben. Als Reaktion auf die Anschuldigungen Walkers wurde er daraufhin von der jugoslawischen Seite zur *persona non grata* erklärt, was erst nach einer Reihe von Gesprächen wieder zurückgenommen wurde.[184]

Gesichert ist, dass am 10.01.1999 ein serbischer Polizist in der Nähe von Racak erschossen wurde. Daraufhin zogen die Serben am 15.01.1999 dort Sonderpolizei und Armee zusammen, um eine mas-

---

[182] vgl. Kriegsverbrechen, S. 50
[183] vgl. ebd., S. 50
[184] vgl. Friedrich, S. 65

sive Strafaktion durch-zuführen.[185] Ausländische Beobachter und KVM-Kontrolleure wurden aus-gesperrt. Schon am Nachmittag desselben Tages stellten die KVM-Mitarbeiter fest, dass die Formationen der Armee wieder abgezogen worden waren. Bei einer gründlichen Untersuchung am 16.01.1999 wurden dann von den KVM-Kontrolleuren insgesamt 34 Leichen gefunden, wobei alle Getöteten, es waren Zivilisten, aus Racak selbst zu stammen schienen. Walker schrieb die Schuld am Tod der Zivilisten unverzüglich und in aller Öffentlichkeit den Serben zu. Er bereitete damit einer Propagandakampagne der Albaner den Boden, die eine weitere Deeskalation im Kosovo unmöglich machte und welche die Serben in den westlichen Medien nachhaltig brandmarkte.

Eine finnische Untersuchungskommission stellte im November 1999 fest, dass die UCK in Racak eine Kommandozentrale unterhalten hatte, sich aber schon lange vor der Ankunft der Serben zurückziehen konnte.[186] Die Toten in Racak waren in der Tat Opfer von Erschießungen und nicht eines Kampfes geworden. Allerdings: Der Untersuchungskommission zufolge wurden die Leichen aus einem weiten Umkreis von Racak herangebracht und dann für eine Massaker-Inszenierung zurechtgelegt.[187] Die OSZE ging schon am 13. März 1999 davon aus, dass das angebliche Massaker auf eine Inszenierung der Albaner zurückginge. Trotz solcher Einschätzungen sprach Außenminister Fischer kurz nach dem Ereignis in einem Brief an den jugoslawischen Präsidenten von der Hinrichtung von 45 Menschen, darunter Frauen und Kindern.[188] Die Schuld wies er dabei eindeutig den Serben zu. Die USA drohten sogar mit sofortigen Luftangriffen der NATO, wenn nicht unverzüglich die jugoslawischen und serbischen Truppen reduziert würden und für eine Aufklärung des Racak-Vorfalls gesorgt werden würde.[189] Das Ziel der Bombardierungen sollte dabei ausschließlich die Bestrafung der Serben sein und diente keinem weiteren politischen Zweck.

Dass der amerikanische Leiter der KVM nur aufgrund des ersten Augen-scheins die Serben vor der Presse eines Massakers be-

---

[185] vgl. Kreidl, S. 112

[186] vgl. ebd., S. 113

[187] vgl. Kriegsverbrechen, S. 52

[188] vgl. Loquai, S. 56

[189] vgl. Friedrich, S. 66

schuldigte, muss sicherlich kritisch bewertet werden.[190] Die Mission der OSZE sollte eigentlich vermittelnd wirken. Dass aber gerade der Leiter der KVM derartig vorschnell und parteiisch handelte, war letztlich ein gewichtiger Grund für das Scheitern der KVM. Die Opfer in Racak waren wahrscheinlich wirklich durch die Serben umgekommen, allerdings nicht zum selben Zeitpunkt und auch nicht am selben Ort. Eine Hinrichtung hatte es in Racak selbst wohl nicht gegeben.

Durch die sich nun immer schneller drehende Gewaltspirale war eine weitere Arbeit der KVM natürlich kaum möglich, zumal man offensichtlich auf der Führungsebene der KVM eher an einer Verurteilung der Serben und nicht an einer unabhängigen Haltung interessiert gewesen war. Diese Problematik führte letztlich auch zum Abbruch der Mission und zum Abzug der Kontrolleure am 20. März 1999. Nach anfänglichen Erfolgen musste die Mission also als gescheitert beurteilt werden, was aber nicht zuletzt auf das Verhalten des Westens und auch der UCK zurückzuführen war.

Die deutsche Position war in dieser Phase vor allem durch Zurückhaltung gekennzeichnet. Wurde vor Beginn der KVM von der neuen Regierung noch der hohe Stellenwert einer Friedensmission hervorgehoben, so hielt man sich nun nach dem Scheitern sehr zurück. Den Kosovo-Albanern wurde lediglich nochmals die deutsche Position verdeutlicht. Ein unabhängiges Kosovo wurde nicht unterstützt, sondern nur eine weitgehende Autonomie innerhalb Jugoslawiens bzw. Serbiens. Weiterhin wurde die Bereitschaft zum Gewaltverzicht gefordert.[191] Angesichts des demonstrierten Willens der UCK, den Konflikt weiterhin mit Waffengewalt führen zu wollen, und der mangelnden Bereitschaft beider Seiten, einen tragfähigen Kompromiss zu erreichen, zeigten sich im März 1999 kaum Veränderungen gegenüber der Situation im Kosovo vor der KVM.

6.3 KVM-Krise und Fazit

Die Zielsetzung der *Kosovo Verification Mission* war es, die Einhaltung der Resolution 1199 zu überwachen sowie zwischen den beiden verfeindeten Lagern vermittelnd und mäßigend zu agieren.

---

[190] vgl. Loquai, S. 51

[191] vgl. Friedrich, S. 64

Dieses hochgesteckte Ziel war aber aufgrund einer Vielzahl von Problemen kaum zu erreichen.

Abgesehen von mangelnder Kooperation und Einigungsbereitschaft der Konfliktparteien, insbesondere der UCK und ihrer Untergliederungen, hatte die Krise noch eine Reihe anderer komplexer Ursachen: Von wesentlicher Bedeutung war, dass der OSZE zur Zeit der KVM ein organisatorischer Unterbau für eine Mission dieser Größenordnung fehlte. Stäbe mussten erst gebildet, Personal umständlich rekrutiert und auf den Einsatz vorbereitet werden. Tatsächlich waren aber gerade diese Missstände hausgemacht. Insbesondere Amerikaner und Briten hatten die Einrichtung eines Planungs- und Führungsstabes im Vorfeld verhindert, so dass dieser erst viel später im Kosovo selbst gebildet werden musste.[192] Auch hinderlich war sicherlich, dass der nominelle Leiter der Mission erst drei Wochen nach Beginn der KVM im Kosovo selbst eintraf. Dies war vor allem deswegen von besonderer Relevanz, weil sich Walker alle Entscheidungen über Organisation und Personal vorbehalten hatte.

Ein weiteres Problem der Mission war die mangelnde Unterstützung durch die einzelnen Nationalstaaten bei der Entsendung des Personals. Auch wenn im Vorfeld vollmundig die Bedeutung der Mission unterstrichen worden war, fanden sich nur wenige Staaten dazu bereit, sich schnell und massiv am Aufbau der KVM zu beteiligen. Generell lässt das Verhalten etlicher Regierungen darauf schließen, dass man eher an einer militärischen Lösung im Rahmen der NATO interessiert war als an langwierigen Beobachtereinsätzen im Rahmen der OSZE. Besonders hervorzuheben wären hier etwa die USA und Großbritannien.

Generell zeigte sich, dass die Kontrolleure vor Ort durchaus wirkungsvoll arbeiten konnten, selbst bei mangelnder Ausrüstung und unzureichender Mannschaftsstärke. Das Scheitern war unter anderem ein Produkt von mangelnder Organisation und Vertrauen auf westlicher Seite sowie der fehlenden Bereitschaft der Konfliktparteien zur Verständigung. Das „Massaker" von Racak und die westliche Berichterstattung waren dann schließlich der finale Grund für das Scheitern der KVM. Angesichts der Berichterstattung, des Verhaltens Walkers und anderer westlicher Politiker muss generell

---

[192] vgl. Friedrich, S. 66

bezweifelt werden, dass man überhaupt Interesse an der KVM hatte. Die Favorisierung eines Militäreinsatzes wurde immer wieder deutlich, und es muss von einer vorsätzlich negativen Berichterstattung über die Serben gesprochen werden. Die Albaner wurden unterdessen generell als die Opfer bzw. als die leidtragende Partei dargestellt.

7. Die Konferenzen von Rambouillet

Angesichts der angespannten Sicherheitslage im Kosovo zu Beginn des Jahres 1999 sahen sich die westlichen Demokratien dazu veranlasst, eine neue diplomatische Kampagne zur Beilegung des Kosovo-Konfliktes zu starten. Die KVM war zu diesem Zeitpunkt noch nicht beendet, und so war man natürlich gezwungen, auf die Anwesenheit von mittlerweile mehr als 1.000 Mitarbeitern der OSZE im Kosovo Rücksicht zu nehmen. Bei einem erneuten Ausbrechen von Feindseligkeiten zwischen Serben und Albanern war es demnach keine Option, direkt militärisch zu intervenieren. Durch eine Initiative der USA, Großbritanniens und Frankreichs sollten deshalb die Konfliktparteien ultimativ zur Aufnahme von Friedensverhandlungen aufgefordert werden. Die Kontaktgruppe, bestehend aus den USA, Russland, Frankreich, Großbritannien, Italien und Deutschland, übernahm den Verhandlungsvorsitz, der Verhandlungsort sollte das Schloss Rambouillet bei Paris sein.[193]

7.1 Die erste Konferenz

Präsident Chirac eröffnete die Konferenz am 6. Februar 1999 mit den Worten, das Schicksal des Kosovos läge nun in den Händen der angereisten Delegationen.[194] Sowohl Albaner als auch Serben waren in Rambouillet erschienen. Milošević war allerdings nicht persönlich anwesend. Es stand aber von Anfang an fest, dass eine erfolgreiche Vermittlung ganz davon abhängen würde, wie weit Milošević den Albanern entgegenkommen könnte, ohne innenpolitisch seine Glaubwürdigkeit zu riskieren.

Die Forderungen der Kontaktgruppe an die Konfliktparteien gliederten sich in einen zivilen und in einen militärischen Teil und hatten nach Ein-schätzung des EU-Vermittlers Petritsch den Charakter eines Diktats.[195] Geplant war ein absichtlich eng gehaltener Zeitplan, um die Konflikt-parteien schnell zu einer Einigung zu zwingen. Verzögerungstaktiken sollten weitgehend vermieden werden. Der zivile Teil beinhaltete eine Autonomieregelung für das Kosovo,

---

[193] vgl. Dischl, S. 150
[194] vgl. Friedrich, S. 72
[195] vgl. ebd., S. 73

während der militärische Teil sich auf die Demilitarisierung und die Stationierung einer Schutztruppe bezog.

Schon zu Beginn der Konferenz zeigte sich, dass Fortschritte nicht so zügig erreicht werden konnten, wie es vorher angestrebt worden war. Ein Grund dafür war sicherlich die Uneinigkeit der albanischen Delegation, die sich erst intern konsolidieren musste. Sie setzte sich aus Elementen der Partei Rugovas, der LDK, der Vereinigten Demokratischen Bewegung, LBD, sowie aus der UCK zusammen.[196]

Weitere Verzögerungen ergaben sich aus der Tatsache, dass die Serben zunächst das Voranschreiten der Konferenz absichtlich behinderten, was eigentlich die Kontaktgruppe vermieden haben wollte. Auf diese Weise verging also die erste Woche in Rambouillet ohne Ergebnisse, was eingedenk des absichtlich eng gehaltenen Zeitplanes schon früh zu einem hohen Ergebnisdruck führte.

Auch auf der Seite der Kontaktgruppe kam es erst zu Fortschritten, als sich die USA dazu bereit erklärten, eigene Bodentruppen für eine militärische Absicherung zur Verfügung zu stellen. Diese sollten bei einem Einsatz dann ihre politischen Vorgaben vom NATO-Rat bekommen. Frankreich votierte in diesem Zusammenhang dafür, dass der letztendliche Einsatz aber von einem VN-Mandat abhängig sein sollte, was auch für Deutschland eine wichtige Prämisse darstellte.[197] Die USA lehnten diesen Passus rundweg ab. Gerade im Hinblick auf den Jubiläumsgipfel der NATO im April 1999 sollte diese als ein unabhängig operierender Akteur präsentiert werden. Eine für zwingend notwendig gehaltene Resolution der VN hätte das Gewicht der NATO als internationaler Akteur aber signifikant verringert. Vor allem die USA sahen in der Stärkung der NATO ein wichtiges Ziel. Erst ein Kompromissvorschlag aus Großbritannien, der nur eine Billigung der VN vorsah, konnte beide Seiten zunächst zufriedenstellen.[198]

Deutschland bemühte sich, vor allem in Person von Außenminister Fischer, um eine erfolgreiche Konferenz. So machte dieser den Serben klar, dass eine NATO-geführte Friedenstruppe im Kosovo

---

[196] vgl. Dischl, S. 155

[197] vgl. Friedrich, S. 74

[198] vgl. ebd., S. 74

bereits beschlossene Sache sei. Eine Blockierung der Konferenz würde lediglich den Verlust des Kosovos bedeuten. Den Albanern gegenüber verdeutlichte Fischer, dass ein völlig unabhängiges Kosovo nicht im Bereich des Möglichen liegen würde. Der einzige Weg für beide Seiten, ihre Ziele zu erreichen, sei die Entwicklung der gesamten Region innerhalb Europas.[199] Letztlich gingen aber weder Serben noch Albaner auf Fischer ein. Erst als Hill gegenüber Milošević mit einem Angriff drohte, kamen die Verhandlungen tatsächlich voran. Es wurde also wiederum nur den Serben gedroht. Die Albaner befanden sich dabei in der komfortablen Position, dass sie nur auf eine Verweigerung der Serben warten mussten. Die NATO würde in diesem Falle militärisch intervenieren und die Albaner näher an das gesteckte Ziel eines unabhängigen Kosovos bringen. Letztlich waren die Albaner während der ganzen Konferenz also immer in der besseren Position, da man auf westlicher Seite konstant eher Partei gegen die Serben als gegen die Albaner nahm.

Am 18. Februar 1999 legten Hill und Petritsch schließlich den Konflikt-parteien den vorläufig endgültigen Entwurf eines Kosovo-Abkommens vor, der unter anderem die Flüchtlingsfrage, die konstitutionelle Organisation des Kosovos oder auch die humanitäre Hilfe von außen regeln sollte. Ohne Wissen des russischen Vertreters der Kontaktgruppe wurde sowohl der zivile als auch der militärische Teil des Abkommens präsentiert. Man kam den Serben in der Frage der Souveränität (Stichwort: keine vollständige Souveränität des Kosovos) entgegen, aber nicht so weit, als dass es zur Zustimmung gereicht hätte. Der militärische Teil wurde von den Serben nicht einmal zur Kenntnis genommen. Die Albaner waren zwar zu Gesprächen bereit, sperrten sich aber kategorisch gegen eine Entwaffnung der UCK.[200] Ein Erfolg der Konferenz war damit kaum noch zu erwarten.

Beide Seiten konnten sich nicht auf einen Kompromiss einigen. Die Serben schienen sich sogar bereits mit einem Angriff der NATO abgefunden zu haben.[201] Angesichts ihrer schwierigen Verhandlungsposition war dies eine nur natürliche Reaktion. Die Wahrscheinlichkeit, ohne Gesichtsverlust gegenüber den Albanern aus

---

[199] vgl. ebd., S. 75

[200] vgl. Friedrich, S. 76

[201] vgl. ebd., S. 76

Rambouillet abreisen zu können, schien nicht groß. Man sah sich in die Ecke gedrängt.

Verstärkt wird der Eindruck einer Bevorzugung der Albaner auch dadurch, dass diese sich sogar ermutigt fühlten, auf ihre Maximalforderungen zurückzufallen. Sie forderten die Anerkennung der UCK als Nationalarmee und das Abhalten eines Unabhängigkeitsreferendums. Die Reaktion des Westens war zunächst einhellig ablehnend, dann aber stellte Washington in einem nationalen Alleingang den Albanern eine Revisionsklausel des Rambouillet-Vertrages zugunsten eines Unabhängigkeitsreferendums in Aussicht.[202] Dass vor allem die USA die Albaner bevorzugten, wurde dabei einmal mehr offensichtlich.

Am 23. Februar wurde beiden Konfliktparteien ein aktualisierter Entwurf für ein Friedensabkommen vorgelegt, der aber im Appendix B einen Passus enthielt, der für die Serben vollkommen inakzeptabel war. Den NATO-Truppen wurde darin das Recht gegeben, sich innerhalb der gesamten Republik Jugoslawien frei zu bewegen. Die NATO sollte weiterhin das Recht haben, Manöver abzuhalten, jegliche militärisch relevante Ein-richtung in Jugoslawien benutzen zu können sowie Lager aufzubauen, sofern es für den Unterhalt der Truppen notwendig sein sollte.[203] Dieser Zusatz im Vertragswerk bedeutete de facto die Besetzung der Bundesrepublik Jugoslawiens durch die NATO. Eine solch harte Bedingung war für Milošević absolut nicht tragbar. Weder Politik noch Bevölkerung Jugoslawiens hätten den Appendix B jemals akzeptiert. Die Forderung war ob ihrer Maßlosigkeit weitgehend sinnlos, da man nicht ernsthaft davon hätte ausgehen können, jemals die Zustimmung Belgrads zu erhalten.

Die erste Konferenz musste am 23. Februar endgültig abgebrochen werden, als nicht nur die Serben, sondern auch die Albaner die Unterschrift verweigerten.

Bilanz: Die erste Konferenz scheiterte an mehreren Punkten. Eine Volksabstimmung wurde von den Albanern gefordert, erwies sich aber naturgemäß für die Serben als untragbar, da diese das Kosovo umgehend verloren hätten. Eine Stationierung von NATO-

---

[202] vgl. ebd., S. 77

[203] vgl. Interim Agreement for Peace and Self-Government in Kosovo vom 23.02.1999. In: Weller, S. 468

Truppen war für die Albaner eine grundlegende Bedingung, wurde aber ebenfalls von den Serben abgelehnt, zumal sich die Besatzung nicht auf das Kosovo beschränkt hätte. Weiterhin war ein Waffenstillstandsabkommen eine zu hohe Hürde für die Serben. Man hätte dabei die UCK als gegnerische Armee anerkennen müssen, was für sie ebenfalls nicht tragbar gewesen wäre.[204] Auf den ersten Blick schien es so, dass die Serben für das Scheitern der Konferenz verantwortlich gewesen waren. Tatsächlich aber wurde ihnen kein wirklich tragfähiger Kompromiss angeboten. Die Albaner und der Westen versteiften sich auf hohe Forderungen, deren Erfüllung für Milošević das politische Todesurteil gewesen wäre. Auffällig war, wie sehr die USA die Beteiligung der NATO in einer Schlüsselposition voranzutreiben versuchten. Um das Gewicht der NATO als internationalen Akteur zu stärken, wurde ein Mandat der VN für unerheblich erklärt.

7.2 Die zweite Konferenz

Nachdem die erste Konferenz in Rambouillet gescheitert war, versuchte man in einem zweiten Anlauf doch noch zu Ergebnissen zu kommen. Im Vorfeld hatten Hill und Petritsch in Einzelgesprächen mit den Albanern Zusagen einholen können, die eine Vertragsunterzeichnung am 15. März wahrscheinlich werden ließen.[205] Außenminister Fischer hatte in der Zwischenzeit gegenüber Milošević verdeutlicht, dass die Unterzeichnung des Abkommens die letzte Chance auf eine friedliche Lösung darstellen würde.[206] Kurz nach dem Scheitern der ersten Konferenz sagte Fischer vor dem Bundestag, dass das Scheitern ein Produkt von Egoismus vor allem auf Seiten der Serben sei. Diese seien nur auf Machterhalt und nicht auf Frieden aus.[207] Weiterhin bemerkte er, dass das Schicksal der Menschen für die Machthaber in Belgrad nur zweitrangig sei. Tatsächlich ist die moralische Entrüstung Fischers zumindest fragwürdig. Besonders Fischer war nämlich in der Vergangenheit recht großzügig mit der Wahrheit im Kosovo-Konflikt umgegangen und schien

---

[204] vgl. Dischl, S. 159

[205] vgl. Dischl, S. 162

[206] vgl. ebd., S. 163

[207] vgl. BT-Plenarprotokoll 14/22 vom 22. Februar 1999, S. 1704

sich schon lange mit einer militärischen Intervention angefreundet zu haben.

Andere deutsche Diplomaten machten dagegen auch die Albaner mit für die Situation verantwortlich. Gerade die Blockadehaltung der Albaner sei es gewesen, die ursächlich für das Scheitern der ersten Verhandlungsrunde gewesen sei.[208]

Während also die Diplomaten versuchten, beide Seiten zu einer Einigung zu bewegen, liefen parallel dazu die militärischen Vorbereitungen. Deutschland sicherte den Verbündeten eine verstärkte Brigade für eine zukünftige Kosovo-Force zu.[209] Bis zu 5.000 Soldaten mit Hubschraubern und sogar Leopard-II-Panzern sollten für die KFOR-Mission bereitgestellt werden. Kanzler Schröder versicherte dem amerikanischen Präsidenten in einem Gespräch, dass die deutsche Beteiligung nicht hinter der der anderen Verbündeten zurückstehen werde. Tatsächlich wurde damit der bis dato größte Auslandseinsatz der Bundeswehr überhaupt geplant. All diese Vorbereitungen wurden aber getroffen, lange bevor ein Abkommen erreicht wurde! Die Bundesregierung holte sich die Erlaubnis zum Einsatz der Bundeswehr also wie schon zuvor in einem Vorratsbeschluss, den man eigentlich immer vermeiden wollte.[210] Verteidigungsminister Scharping erklärte dieses Verhalten damit, dass man Bündnissolidarität zeigen und die Handlungsfähigkeit der NATO gewährleisten müsse.[211] Offensichtlich war also nicht die Frage der Menschenrechte der entscheidende Faktor, auch wenn dies in den Medien immer wieder propagiert wurde. Die Interessen der Bundesregierung lagen in erster Linie bei der NATO. Außerdem wollte man den Verbündeten zeigen, dass man sich nun endlich seiner Verantwortung in Europa bewusst geworden war. Man wollte gleichberechtigt mit den Verbündeten agieren und die letzten Fesseln der Vergangenheit abschütteln.

Unterdessen liefen die diplomatischen Anstrengungen intensiv weiter. Die Sonderbotschafter Holbrooke und Hill sowie der russische Außenminister Iwanow bemühten sich nachdrücklich um ein

---

[208] vgl. Friedrich, S. 78
[209] vgl. BT-Drucksache 14/397
[210] vgl. Friedrich, S 79
[211] vgl. ebd., S. 79

Einlenken Belgrads.[212] Petritsch setzte sich dagegen mit der UCK auseinander und versuchte diese, allerdings erfolglos, zur völligen Entwaffnung zu überreden. Tatsächlich gab es im politischen Flügel der UCK durchaus Befürworter der Entwaffnung, der militärische aber lehnte dies vehement ab. Es scheint, als ob auch innerhalb der verschiedenen Flügel der UCK handfeste Eigeninteressen das Handeln bestimmten und nicht das Wohl der Bevölkerung. Letztlich ließen sich aber weder die Albaner noch die Serben zu einem Einlenken bewegen. Gerade die Bedingung der Stationierung einer Sicherheitstruppe war es, welche die Serben abschreckte.[213] Die Albaner dagegen stießen sich hauptsächlich an der Demilitarisierung der UCK.

7.3 Fazit von Rambouillet

Was in Rambouillet geschah, hatte weniger mit Verhandlungen um Frieden zu tun als vielmehr mit wiederholten Versuchen der Unterwerfung.

Beeindruckt von US-Außenministerin Madeleine Albright näherten sich die Europäer dabei immer mehr der amerikanischen Linie an. Im Laufe der Verhandlungen nahmen deshalb bis auf Russland alle Europäer von einem unbedingt notwenigen VN-Mandat Abstand und erklärten die NATO für ausreichend legitimiert zur militärischen Intervention. Der Annex B des geplanten Abkommens war es dann, der die Verhandlungen letztendlich hat scheitern lassen. Einer Besetzung durch die NATO zuzustimmen war eine Forderung, die für kein Land der Welt in einer ähnlichen Situation akzeptabel gewesen wäre. Der Appendix B war folglich eine Bedingung, welche die Verhandlungen von vorneherein zum Scheitern verurteilte.[214] Selbst Militärs, wie etwa der deutsche General Klaus Naumann, schlossen sich dieser Meinung an, was als eine weitere Bestätigung für die Unverhältnismäßigkeit des Annex B zu deuten ist.

Der Annex B war aber nur der finale Grund des Scheiterns. Im Grunde war die Lage im Kosovo-Konflikt schon so verwickelt, dass

---

[212] vgl. ebd., S. 80
[213] vgl. Weller, S. 475
[214] vgl. Dischl, S. 169

man in Rambouillet nur sehr schwer zu einer Einigung hätte kommen können. Neben der schwierigen Person und Rolle Miloševićs war es vor allem die UCK, die eine Einigung blockierte. Der Fehler des Westens, sich nicht früher ausreichend um Rugova bemüht zu haben, rächte sich in Rambouillet ganz eindeutig. Vor Dayton waren die radikalen Elemente im Kosovo noch nicht so stark wie 1999. Zu diesem Zeitpunkt hätte eine diplomatische Initiative, flankiert durch eine militärische Friedensmission, sicherlich mehr Chancen gehabt. 1999 waren diese Möglichkeiten aber weitgehend verpasst. Die Strategie des Westens in Rambouillet fußte fast ausschließlich auf militärischem Druck. Dieses Druckmittel hatte man in der Vergangenheit aber schon oft verwandt, ohne es dann einzusetzen. Nun war man gezwungen, seine Drohungen wahr zu machen, wenn man nicht jede Glaubwürdigkeit verlieren wollte.

8. Die Operation *Allied Force*

Nachdem Sonderbotschafter Holbrooke am 22.03. 1999 erfolglos versucht hatte, Milošević persönlich zu einem Einlenken zu bewegen, wies der damalige Generalsekretär der NATO, Solana, den Supreme Allied Commander Europe (SACEUR) an, die Luftangriffe auf die Bundesrepublik Jugoslawien zu starten.[215] Solana begründete diesen Auftrag damit, dass die Gewalt gestoppt und die humanitäre Katastrophe im Kosovo beendet werden müsse. Man habe die moralische Verpflichtung, der Situation im Kosovo Rechnung zu tragen. Vom 24. März bis zum 10. Juni 1999 flogen deshalb Kampfflugzeuge der NATO insgesamt 37.465 Einsätze. Hiervon entfiel ein Anteil von 26 Prozent auf regelrechte Luftangriffe, wobei die Ziele sowohl im Kosovo als auch zu einem beträchtlichen Teil in Serbien lagen. Die Mehrzahl der Flüge verteilte sich auf Einsätze zur Sicherung der Luftherrschaft, Aufklärung, Luftbetankungen, Transportmissionen u.ä. Die Kosten beliefen sich dabei auf fast fünf Milliarden US-Dollar.[216] Eine Resolution des VN-Sicherheitsrates, die sich explizit auf einen Luftkrieg im und um das Kosovo bezog, lag dabei nicht vor.

8.1 Die Frage der Legitimierung

Der Angriff gegen Serbien und serbische Truppen im Kosovo wurde von der NATO zunächst damit gerechtfertigt, dass mit der Resolution 1199 dem westlichen Bündnis die Befugnis erteilt wurde, alle verfügbaren Mittel anzuwenden, um diese Resolution tatsächlich durchzusetzen. Auch der Einsatz von Kampfflugzeugen gegen Rumpf-Jugoslawien sei damit abgesegnet gewesen. Bereits im Oktober 1998 sah etwa der damalige Außenminister Kinkel die Rechtsgrundlage für eine militärische Intervention durch die Resolution 1199 als gegeben an, da der Sicherheitsrat der VN in einer notstandsähnlichen Situation nicht ausreichend schnell reagieren könne.[217] Ähnliche Aussagen machte die US-Außenministerin Albright gegenüber der Presse am 8. Oktober 1998, als sie die Resolutionen 1199 und 1160 als hinlängliche Grundlagen für eine NATO-

---

[215] vgl. Friedrich, S. 85

[216] vgl. Dischl, S. 261

[217] vgl. Dischl, S. 202

Militäraktion deklarierte. Diese Aussagen wurden etwa sechs Monate vor dem tatsächlichen Angriff gemacht und müssen demnach vor allem als Drohung in Richtung Belgrad gedeutet werden.

In der Aussage Solanas, vor dem tatsächlichen Beginn des Luftkrieges, wird allerdings nicht weiter Bezug auf die VN genommen. Er spricht lediglich von der moralischen Verpflichtung, die aus den Menschenrechts-verletzungen im Kosovo erwachsen würde. Der humanitäre Aspekt war also der zweite wichtige Legitimationsgrund, da offenbar der Hinweis auf die UN-Resolution nicht für ausreichend gehalten wurde!

In diesem Zusammenhang muss in der Tat die Frage gestellt werden, inwieweit der Luftkrieg der NATO tatsächlich völkerrechtlich abgesichert bzw. in welchem Maße die Resolution 1199 als Legitimation ausreichte. Weiterhin muss hinterfragt werden, ob die humanitäre Situation im Kosovo überhaupt ein Eingreifen der NATO rechtfertigen konnte.

In Artikel 2 Abs. 4 der Charta der Vereinten Nationen ist festgeschrieben, dass Mitglieder der VN Gewalt gegen die territoriale Integrität oder politische Unabhängigkeit eines jeden anderen Staates unterlassen sollen.[218] Ausnahmen ergeben sich aus Art. 51, wobei es sich bei einem Griff zu den Waffen um Selbstverteidigung handeln müsste. Weiterhin wäre es möglich, dass nach Art. 42 der UN-Charta eine Gefahr für den internationalen Frieden durch eine militärische Intervention abgewendet wird. Voraussetzung wäre allerdings eine Resolution des Sicherheitsrates der Vereinten Nationen.[219] Weder die Resolution 1160 noch die Resolution 1199 bildeten aber eine ausdrückliche Rechtfertigung für die Luftangriffe der NATO, auch wenn dies von der NATO dahingehend interpretiert wurde. Das Gewaltmonopol bei einer humanitären Katastrophe liegt laut den Art. 24, 39 und 40 der Charta einzig in den Händen der VN, nicht in den Händen der NATO. Ein Eingreifen des Nordatlantikpaktes wäre also nur dann gerechtfertigt gewesen, wenn auch ein eindeutiges Mandat der VN vorhanden gewesen wäre. Das war aber nicht der Fall.

---

[218] vgl. Bruno Simmer: Die NATO, die UN und militärische Gewaltanwendung: Rechtliche Aspekte. In: Reinhard Merkel (Hrsg.): Der Kosovo-Krieg und das Völkerrecht, Frankfurt a.M. 2000, S. 9. Im Weiteren zitiert als: Simmer

[219] vgl. Dischl, S. 202

Das Argument, das am häufigsten zur Legitimierung verwandt wurde, war das der Menschenrechtsverletzungen. In diesem Zusammenhang wurde immer wieder auf Vertreibungen vor der Operation *Allied Force* hingewiesen. Bei näherer Betrachtung fällt aber auf, dass erst nach Beginn der Bombardierungen eine massive Flüchtlingsbewegung festzustellen war! Laut dem UNHCR haben während der Operation mehr als 860.000 Albaner, d.h. ca. 45 Prozent der albanischen Bevölkerung, ihre Wohnorte ver-lassen.[220] Vor der Operation waren es „nur" ca. 250.000–270.000 Flüchtlinge. Es bleibt also festzustellen, dass die humanitäre Katastrophe sich erst mit Beginn der Bombardierungen wirklich zuspitzte. Weiterhin flüchteten nicht nur Albaner aus dem Kosovo. Laut dem OSZE-Bericht *As told, as Seen* verließen etwa 100.000 Serben, als IDP´s (Internally Displaced Persons), das waren ca. 60 Prozent der serbischen Bevölkerung in diesem Gebiet, das Kosovo nach Beginn der Bombardierungen in Richtung Serbien und Montenegro.[221] Prozentual flüchteten also sogar mehr Serben als Albaner. Interessant ist außerdem, dass der Lagebericht des Deutschen Auswärtigen Amtes vom 19.03. 1999 (also kurz vor Beginn der Angriffe) weder von groß angelegten Vertreibungen noch von einem regelrechten Völkermord sprach.[222] Die auf humanitären Gründen basierende Legi-timation des Luftkrieges bleibt deshalb also fragwürdig.

8.2 Die Begründung Deutschlands für die Beteiligung am Luftkrieg

Die Legitimationsgrundlage für die deutsche Beteiligung am Luftkrieg war für alle Parteien des Bundestages die humanitäre Situation im Kosovo.[223] Diese Begründung wurde bereits bei der Bundestagsdebatte am 16.10.1998 verwandt, als der Bundestag in einem Vorratsbeschluss die Zustimmung für den Einsatz der Bundeswehr im Kosovo gab. Es ist zu klären, ob die Bundesregierung bei ihrer Begründung des Luftkrieges die Parlamentarier nach bestem Wissen und Gewissen informiert hatte. Am 26.03.1999 sagte Bundeskanzler

---

[220] vgl. Helmut Kramer und Vedran Dzihic: Die Kosovo-Bilanz, Wien 2006, S. 19. Im Weiteren zitiert als: Kosovo-Bilanz

[221] vgl. Kriegsverbrechen, S. 99

[222] vgl. Dischl, S. 173

[223] vgl. Friedrich, S. 88

Schröder vor dem Bundestag aus, dass sich in den sechs Wochen vor der erwähnten Bundestagsdebatte 80.000 Menschen vor dem „Inferno", das es im Kosovo gäbe, zu retten versucht hatten.[224] Beweise dafür gibt es bis heute nicht. Verteidigungsminister Scharping sprach in derselben Sitzung des Bundestages davon, dass die jugoslawische Armee mehr als 40.000 Soldaten im Kosovo zusammengezogen habe. Sie verfüge im Kosovo über 300 Panzer, 700 gepanzerte Fahrzeuge und 700 Artilleriegeschütze.[225] Laut Schätzungen von Experten des Verteidigungs-ministeriums befanden sich im März 1999 aber nur ca. 17.000 Soldaten der jugoslawischen Armee im Kosovo.[226] Offensichtlich hat auch Scharping bei seinen Ausführungen vor dem Bundestag stark übertrieben und die tatsächlichen Zahlen fast verdoppelt.

Die Situation im Kosovo stellte sich demnach im März 1999 bei Weitem nicht so dar, wie es die Bundesregierung vor den Parlamentariern schilderte. Der erwähnte Lagebericht des Auswärtigen Amtes vom 19. März 1999 macht zudem deutlich, dass der Bundesregierung keinerlei Informationen über Massenvertreibungen oder gar Völkermord im Kosovo vorlagen. Auch die Flüchtlingszahlen waren für die von Schröder angegebene Periode längst nicht so hoch wie vor dem Bundestag dargestellt.

Es muss also noch ein weiterer Auslöser vorgelegen haben, der die Bundesregierung zur Intervention im Kosovo und dem Krieg gegen Rumpf-Jugoslawien gebracht hat. In der Retrospektive wird deutlich, dass dieser Grund nicht im humanitären Bereich, sondern vielmehr bei der Bündnissolidarität zu suchen ist. Die Bundesregierung hatte den USA und der NATO im Herbst 1998 einen substanziellen Beitrag bei der geplanten Luftoffensive der NATO zugesagt. Im März 1999 gab es deshalb schlicht keine gangbare politische Möglichkeit mehr, sich ohne Schaden von dieser Zusage zurückzuziehen. Zum einen wäre Deutschland innerhalb des Bündnisses heftiger Kritik ausgesetzt gewesen, zum anderen hätte auch die NATO selbst bei einer Verweigerung Deutschlands großen Schaden nehmen können, da die schon schwache Legitimationsgrundlage für die Operation *Allied Force* bei der Verweigerung eines der wichtigsten

---

[224] vgl. BT-Plenarprotokoll 14/31, S. 2571

[225] vgl. ebd., S. 2608

[226] vgl. Loquai, S. 135

NATO-Mitglieder zusätzlich erschüttert worden wäre. Noch einmal: Außenpolitische Zwänge waren also der wichtigste Grund für das deutsche Engagement bei der Operation *Allied Force*.

8.3 Der deutsche Beitrag zum Luftkrieg

Als am 23. März 1999 die Flugzeuge der NATO damit begannen, Angriffe auf die jugoslawische Luftverteidigung zu fliegen, ging die Mehrzahl der beteiligten Staaten davon aus, dass innerhalb kürzester Zeit Ergebnisse zu verzeichnen wären. Die technologische Überlegenheit der NATO sollte dabei gewährleisten, dass die anvisierten Ziele schnell und effizient bekämpft werden würden, sodass der Luftkrieg schnell zu einem erfolgreichen Ende gebracht werden könnte.

Die Luftkampagne sollte fünf Phasen umfassen:

Phase 1: Das Zusammenziehen von Kampfflugzeugen in Italien. In Phase 2 sollten dann Luftverteidigungsanlagen der jugoslawischen Armee zerstört werden, bevor man schließlich in Phase 3 zur Bekämpfung von Truppen-konzentrationen im Kosovo übergehen wollte.[227] Für Phase 3 wurden außerdem auch Material- und Treibstofflager sowie Kasernen und Luftstützpunkte in der gesamten Republik Rumpf-Jugoslawien auf die Zielliste gesetzt. In Phase 4 sollte die Zerstörung von halbzivilen Zielen der nationalen Infrastruktur, wie Brücken, Elektrizitätswerken, Raffinerien etc., erreicht werden, bevor in Phase 5 die NATO-Flugzeuge in die jeweiligen Heimatländer zurückverlegt werden sollten. Der Glaube, dass die Ziele schnell und vor allem ohne größere Verluste zu erreichen wären, war dabei unter den Einsatzplanern weit verbreitet. Man ging fast einhellig davon aus, dass Milošević nach „einer kleinen Bombardierung" schnell zum Einlenken bereit sein würde.[228]

Die zur Verfügung stehenden Mittel für den Luftkrieg wurden dabei zum Großteil von den USA eingebracht, angereichert durch Beiträge anderer NATO-Länder. Im Einzelnen stellte Frankreich ca. 100 Flugzeuge zur Verfügung, Großbritannien 50, Deutschland 14 und Portugal drei. Insgesamt stellten die Europäer also etwa 200 Flugzeuge, was einen Anteil von etwa 30 Prozent der eingesetzten

---

[227] vgl. Friedrich, S. 90

[228] vgl. Judah, S. 229

Flugzeuge aller NATO-Staaten ausmacht.[229] Wirklich substanzielle Hilfe bekam die US-Luftmacht also nur aus Frankreich und Großbritannien und, mit Abstrichen, aus Deutschland (mit einem qualitativ besonders hochwertigen Kontingent). Bei der Betrachtung dieser Zahlen wird deutlich, dass die Europäer zwar einen durchaus wichtigen militärischen Beitrag leisteten, der Luftkrieg aber dennoch klar von den USA dominiert wurde.

Die deutsche Rolle bei der Operation bestand darin, die jugoslawische Luftabwehr zu bekämpfen und damit den anderen Flugzeugen den Weg zu ebnen. Hierbei kamen 10 ECR-Tornados zum Einsatz, die etwa 240 Anti-Radar-Raketen verschossen. Vier weitere Tornados waren Aufklärungs-maschinen, die nicht direkt am Kampf beteiligt waren.[230] Tatsächlich flogen die deutschen Flugzeuge nur etwa 1,3 Prozent aller Einsätze, leisteten aber dennoch einen wichtigen Beitrag, da es sich, wie angedeutet, bei den Flugzeugen um ein sog. *critical asset* handelte, also um ein System, das in ähnlicher Form in der NATO insgesamt nur in sehr kleinen Stückzahlen vorhanden war. Deutschland konnte also mit einem relativ geringen quantitativen Anteil an der Operation dennoch einen wichtigen qualitativen Beitrag leisten. Die Bundesregierung erreichte damit, dass die Bundeswehr innerhalb der NATO ihren Teil der Verantwortung schulterte, ohne aber ähnlich viel Menschen und Material zu riskieren wie etwa Frankreich oder Großbritannien.

8.4 Der weitere Verlauf des Luftkrieges und der „Fischer-Plan"

Wie bereits angedeutet sollte die Luftkampagne der NATO schnell Ergebnisse zeigen Auf diese Weise man wollte Milošević innerhalb kür-zester Zeit zum Einlenken bewegen. Zudem sollte aber auch die Gefährdung der NATO-Piloten möglichst gering gehalten werden. Aus diesem Grund flogen die Maschinen der NATO konstant über 15.000 Fuß, was die Gefahr durch tragbare und deshalb schwer zu bekämpfende Luftabwehrwaffen minimieren sollte.[231] Die Folge dieser Anweisung war, dass einerseits kaum Flugzeuge der NATO abgeschossen wurden, andererseits aber die Effektivität der

---

[229] vgl. Dischl, S. 266

[230] vgl. Friedrich, S. 93

[231] vgl. Dischl, S. 252

Zielbekämpfung stark eingeschränkt wurde. Interessant dabei ist, dass die NATO die Intervention zwar mit humanitären Gründen legitimierte, der Einsatz dann aber keineswegs der Intention angemessen war. Die Piloten der NATO sollten möglichst ungefährdet bleiben, auch wenn dies eine längere Kampagne mit mehr potenziellen Opfern bedeuten würde. Offensichtlich nahm die NATO diese Opfer im Kosovo zugunsten der unversehrten Piloten in Kauf.

Auch aus diesem Grund entwickelte sich der Luftkrieg nicht in dem Tempo, das die Planer vorher angedacht hatten. Statt eines raschen Einlenkens Belgrads sah man sich schon wenige Tage nach dem 24. März 1999 dazu gezwungen, die Intensität der Luftangriffe zu verstärken, was in der Konsequenz wiederum eine größere Gefährdung für die Menschen im Kosovo bedeutete.[232]

Spätestens mit der Häufung der sog. „Kollateralschäden" wurden deshalb in Deutschland immer mehr Stimmen laut, die sich gegen eine Fortführung des Luftkrieges aussprachen. Die Bundesregierung war demnach gezwungen, sich mit der Möglichkeit auseinanderzusetzen, dass Milošević den Bomben auch weiterhin trotzen würde. Am 30. März 1999 legten deshalb Experten des AA dem Außenminister eine Skizze für einen Forderungskatalog vor, bei dessen Erfüllung die Bombardierung des Kosovos ausgesetzt werden könne.[233] Der Forderungskatalog beinhaltete im Einzelnen: eine sofortige Waffenruhe, die Entwaffnung der paramilitärischen Kräfte, eine NATO-geführte Friedenstruppe im Kosovo, die Rückkehr der Flüchtlinge sowie die Bereitschaft zu einer politischen Lösung auf der Basis des Rambouillet-Entwurfes. Nach Verhandlungen der Außenminister der Kontaktgruppen-länder einigte man sich schließlich auf diese fünf Punkte des AA, wobei man statt der NATO-Friedenstruppe lediglich von der Stationierung einer „internationalen Militärpräsenz" sprach.[234] Man kam außerdem überein, die „Fünf Punkte" auf einem G-8-Außenministertreffen zu verabschieden, um dann gemeinsam einen entsprechenden Resolutionsentwurf in den Sicherheitsrat der VN einzubringen.

Zur Umsetzung des Planes wurde vom AA schließlich eine diplomatische *road map* erarbeitet, die mit den „Fünf Punkten" als Basis

---

[232] vgl. Friedrich, S. 98

[233] vgl. ebd., S. 101

[234] vgl. Friedrich, S. 101

der konkreten Ausgestaltung dienen sollte. Die nunmehr als „Fischer-Plan" deklarierten fünf Punkte sahen für das Kosovo eine Übergangsverwaltung sowie die Stationierung einer Friedenstruppe mit „robustem Mandat" nach Kapitel VII der VN-Charta vor. Belgrad wurde infolgedessen Anfang April 1999 eine Feuerpause in Aussicht gestellt, wenn ein Rückzug der jugoslawischen Truppen erkennbar wäre.

Der „Fischer-Plan" war die erste wirkliche eigenständige Initiative Deutschlands zur Konfliktbewältigung im Kosovo. Zunehmender innenpolitischer Druck angesichts einer Luftkampagne, die trotz aller Voraussagen wesentlich länger dauerte als geplant, war der wichtigste Grund für die relativ selbstständige Initiative Deutschlands. Aufbauend auf dieser Linie erarbeitete sich Deutschland im April 1999 eine Vorreiterrolle bei der diplomatischen Bewältigung des Kosovo-Krieges. Ergebnisse dieser Initiative zeigten sich zwar nicht unmittelbar, dennoch wurde im weiteren Verlauf deutlich, dass der „Fischer-Plan" einen wichtigen Beitrag zur Beendigung des Luftkrieges leistete. Die Akzeptanz des „Fischer-Plans" unter den NATO-Staaten zeigt außerdem eindeutig, dass die NATO-Staaten angesichts des ausbleibenden Erfolges durchaus an einer diplomatischen Lösung interessiert waren, sofern sie dem Ansehen der NATO nicht schaden würde.

8.5 Vom NATO-Gipfel bis zur Einstellung der Kämpfe

Als die Staats- und Regierungschefs der NATO-Länder vom 23. bis zum 25. April 1999 in Washington anlässlich des fünfzigjährigen Bestehens der Allianz zusammenkamen, war der Luftkrieg im Kosovo das beherrschende Thema. Der Tatsache zum Trotz, dass der Luftkrieg schon wesentlich länger dauerte als geplant, einigten sich die Mitgliedstaaten darauf, an der Strategie des ausschließlichen Luftkrieges festzuhalten. Vom Einsatz von Bodentruppen wurde auch angesichts der mangelnden Fortschritte von *Allied Force* abgesehen.

Die erklärte Absicht zur Weiterführung der Bombardierungen, in Verbindung mit einer Verbesserung der Wetterlage über dem Kosovo, führte dazu, dass der Umfang der Luftangriffe beinahe verdoppelt wurde. Zusätzlich zu dieser Intensivierung der Angriffe wurde Belgrad auf diplomatischer Ebene die Einstellung der Bombardierungen angeboten, wenn die Bedingungen des „Fischer-

Plans" akzeptiert werden würden.[235] Zur Unterstützung der Forderungen der NATO wurde außerdem ein umfassendes Öl-Embargo verhängt, um die Versorgung der jugoslawischen Streitkräfte zu behindern. Man demonstrierte also deutlich den Willen, auch angesichts der Widerstandskraft der Jugoslawen, den Krieg zu den eigenen Bedingungen zu beenden.

Am letzen Tag des Washingtoner Gipfels ergab sich zusätzlich zu den Maßnahmen der NATO eine weitere Chance auf ein erfolgreiches Ende des NATO-Luftkrieges. Russland teilte mit, dass es nun bereit sei, seine Blockadehaltung aufzugeben und eine konstruktive Rolle bei der Lösung der Krise zu spielen. Moskau willigte dabei ein, diplomatisch auf Belgrad einzuwirken und sich im Einklang mit NATO, EU bzw. VN um eine Lösung zu bemühen. Gleichzeitig wurde der finnische Außenminister Ahtisaari von der EU als zusätzlicher Vermittler eingesetzt, um im Namen der EU an den Verhandlungen teilzunehmen.[236] Auf diese Weise konnte sich auch die EU als selbstständiger Akteur in das Geschehen einbringen. Zudem war es Deutschland als Inhaber der Ratspräsidentschaft der EU möglich, größeren Einfluss auf die Verhandlungen zu nehmen.

Der NATO bot sich durch das Einschalten Russlands in den Vermittlungs-prozess endlich ein wirklicher Ausweg an. Ohne einen diplomatischen Erfolg wäre man gezwungen gewesen, Belgrad mit Gewalt zum Einlenken zu zwingen. Bei ausbleibendem Erfolg der Luftkampagne hätte dies vermutlich nur noch mit massivem Einsatz von Bodentruppen erreicht werden können, den die NATO, angesichts der zu erwartenden Verluste, aber von Beginn an tunlichst vermeiden wollte.

Am 6. Mai einigten sich schließlich die G-8-Staaten auf die politische Linie des „Fischer-Plans". Man kam überein, die vorgezeichnete Linie vom VN-Sicherheitsrat beschließen zu lassen und zusammen mit Russland den Weg zu einer Resolution nach Kapitel VII der Charta der VN frei zu machen.[237] Die zukünftige KFOR-Operation sollte dabei zwar durch die VN ab-gesichert sein, die Truppen selbst aber unter dem Kommando der NATO stehen. Die-

---

[235] vgl. Friedrich, S. 108

[236] vgl. ebd., S. 110

[237] vgl. Dischl, S. 283

ser Kompromiss war nötig, da die US-Regierung ihre Truppen niemals unter das Kommando der VN gestellt und Russland keine reine NATO-Operation unterstützt hätte.

Letztlich akzeptierte Belgrad, vor allem aufgrund der diplomatischen Initiative Russlands, am 3. Juni 1999 die Bedingungen der G-8-Staaten, wobei es bis zur endgültigen Unterzeichnung des „militärisch-technischen Abkommens" zwischen der NATO und der Bundesrepublik Jugoslawien aber noch weitere sechs Tage dauerte. Während dieser sechs Tage verhandelten die NATO und Jugoslawien Einzelheiten des Abkommens aus, die schließlich einen Kompromiss zwischen den Forderungen von Rambouillet und dem „Fischer-Plan" darstellten. Die VN wurden mit der Verwaltung des Kosovos betraut, die NATO-Truppen der KFOR erhielten dabei ein robustes Mandat des Sicherheitsrates der VN.[238] Weiterhin wurde der Appendix B von Rambouillet entscheidend abgeschwächt, sodass der Einsatz der KFOR nunmehr auf das Kosovo beschränkt wurde.

Nach dem Abzug der jugoslawischen Armee bzw. der Truppen des Innenministeriums verabschiedeten die VN, mit der Zustimmung Russlands, schließlich die Resolution 1244, wodurch der Weg für den Einzug der KFOR frei gemacht wurde.

---

[238] vgl. ebd., S. 287

9. Fazit

Die abschließende Betrachtung des Kosovo-Konfliktes macht deutlich, dass es dort niemals eine einfache Lösung gegeben hat. Die schwierige wirtschaftliche Lage sowie die durch Serben und Albaner gleichermaßen betriebene Instrumentalisierung der Geschichte waren Faktoren, welche die politische Lage im Kosovo stetig angeheizt haben. Probleme, die in gefestigten Gesellschaften politisch hätten gelöst werden können, kulminierten dort zu einem regelrechten Bürgerkrieg mit Tausenden von Opfern. Schuldig waren letztendlich beide Seiten, da weder Albaner noch Serben ernsthaft versucht haben, friedlich nebeneinander zu leben.

Dennoch gab es zwischen 1990 und 1999 eine Reihe von Chancen, den Konflikt zumindest einzudämmen. Als die internationale Gemeinschaft Mitte der 1990er Jahre, aufgeschreckt durch das Blutvergießen in weiten Teilen des ehemaligen Jugoslawiens, endlich Engagement in der Kosovo-Frage zeigte, hätte eine nachhaltige Kosovo-Politik durchaus Möglichkeiten geboten. Diese Chancen wurden aber vergeben, als vor dem Hintergrund vermeintlich wichtigerer Krisenherde, namentlich in Bosnien-Herzegowina, das Kosovo nur am Rande in den Fokus der Aufmerksamkeit geriet. Die weitreichenden Konsequenzen einer Eskalation im Kosovo wurden dabei nicht erkannt oder aber ignoriert. Bis zur Konferenz von Dayton hatten sich zumindest die Albaner bereit gezeigt, ihre politischen Ziele auf friedlichem Wege durchzusetzen. Sie setzten darauf, dass die internationale Gesellschaft früher oder später eingreifen würde, wenn die politische und gesellschaftliche Unterdrückung der Albaner im Kosovo von den VN oder der EU in gebührendem Maße zur Kenntnis genommen würde. Dies erwies sich aber in der Retrospektive als Fehlschluss.

In der Folge gewannen radikalere Elemente der albanischen Gesellschaft im Kosovo die Oberhand und versuchten nunmehr durch Gewalt gegen die Unterdrückung der Serben vorzugehen. Das Resultat war ein jahrelanger Kleinkrieg zwischen der albanischen UCK und den Sicherheitskräften der Serben bzw. der Republik Jugoslawiens, der letztlich zu einem blutigen Bürgerkrieg mit ungezählten Opfern auf beiden Seiten führte.

Die Frage bleibt, ob und wie die westliche Staatengemeinschaft anders hätte reagieren können, um eine Eskalation zu vermeiden. Sicherlich hätten bessere Ergebnisse erzielt werden können, wenn man frühzeitiger und konsequenter gehandelt hätte. Mit dem tatsächlichen Beginn des Krisenmanagements des Westens waren die Chancen auf eine friedliche Lösung des Konfliktes aber schon größtenteils vergeben. Die Situation war bereits so weit eskaliert, dass eine friedliche Koexistenz zwischen Serben und Albanern im Kosovo kaum mehr möglich war. Schon lange vor Rambouillet hätte eine wirkungsvolle, möglicherweise auch militärische

– allerdings wohldosierte – Intervention erfolgen müssen, die im Idealfall durch ein Mandat der VN abgesichert gewesen wäre. Das Ziel hätte sein müssen, beide Parteien, soweit möglich, zu trennen, um eine weitere militärische Eskalation zu verhindern. Unter internationaler Aufsicht hätte dann versucht werden können, einen politischen Kompromiss zu erzielen. Die lange praktizierte, aber doch nicht zu rechtfertigende Bevorzugung der Albaner hätte im Kontext eines solchen Ansatzes definitiv aufgegeben werden müssen.

Als sich der Westen schließlich dazu durchgerungen hatte, militärisch einzugreifen, geschah dies auf eine sehr problematische Weise und außerdem mit einer fragwürdigen Legitimation. Propagiert wurde die Operation *Allied Force* als eine Intervention zur Beendigung einer humanitären Krise. Tatsächlich war diese humanitäre Krise aber bei Weitem nicht so ausgeprägt, wie man der Weltöffentlichkeit glauben machen wollte. Zusätzlich sah man von einem wirkungsvollen Einsatz von Bodentruppen zugunsten eines Angriffes durch die Luft vollständig ab. Auf Kosten weiterer ziviler Opfer wurde also die Variante der Intervention gewählt, welche die geringste Gefährdung der westlichen Soldaten garantierte. Weiterhin wurden im Rahmen von *Allied Force* ausschließlich jugoslawische Truppen beschossen. Die UCK aber, die mindestens ebenso großen Anteil an den Gräueltaten im Kosovo hatte, wurde ausgespart und damit indirekt sogar unterstützt.

Ein Einsatz von Bodentruppen zur Schaffung von Schutzzonen für die Flüchtlinge wäre, zumindest im Sinne der humanitären Intervention, sicherlich wesentlich effektiver gewesen als die durchgeführten Bombardierungen. Die Zerstörung von Kraftwerken und Brücken etc. in Serbien war denkbar ungeeignet, die Lage der Kosovo-Albaner zu verbessern! Es muss dabei die Frage nach dem Sinn und auch nach der Verhältnismäßigkeit der eingesetzten Mittel gestellt werden.

Eine humanitäre Katastrophe wurde im Kosovo sicher nicht verhindert. Die Lage im Kosovo verschärfte sich ganz im Gegenteil sogar signifikant durch *Allied Force*. Was wurde also erreicht? Die Albaner im Kosovo werden tatsächlich nicht weiter diskriminiert. Weite Teile der serbischen Bevölkerung aber wurden nach *Allied Force* gezwungen, das Kosovo zu verlassen.

Der Status des Kosovos ist dabei auch heute noch umstritten. Weder bekam das Kosovo seine Unabhängigkeit, noch konnte eine einvernehmliche Lösung mit Belgrad erreicht werden. Letztlich war der einzige wirkliche Effekt der militärischen Intervention, dass die NATO auch nach dem Zerfall des Warschauer Paktes mehr oder weniger eindrucksvoll beweisen konnte, dass sie eine handlungsfähige Organisation darstellt.

Es stellt sich die Frage, warum Deutschland sich an dieser völkerrechtlich fragwürdigen Operation beteiligt hat. Auch wenn die Bundesregierung immer wieder den humanitären Charakter der Operation *Allied Force* betont hatte, waren wohl in erster Linie bündnispolitische Motive ausschlaggebend. Es ging darum, das Bündnis, d. h. eine internationale Institution, zu stützen und hierbei zugleich das eigene nationale Profil zu schärfen. Seit der Wiedervereinigung 1990 und der verfassungsgerichtlichen Legitimierung von Kampfeinsätzen der Bundeswehr im Ausland von 1994 war *Allied Force* die erste Möglichkeit, den Verbündeten innerhalb der NATO zu beweisen, dass man bereit ist, gleichberechtigt Aufgaben innerhalb der NATO zu übernehmen. Deutschland verdeutlichte, dass es nicht länger darauf beharren würde, aus historischen Gründen von Interventionen im Ausland abzusehen. Die Bundesregierung zeigte sich willens, die gleiche Verantwortung zu übernehmen wie jedes andere NATO-Mitglied auch. Im Kosovo konnte diese Intention mit relativ kleinem Aufwand erreicht werden. Mit dem Einsatz relativ geringer militärischer Mittel war es möglich, einen substanziellen Beitrag zur Intervention zu leisten und somit an Prestige und Ansehen innerhalb der NATO zu gewinnen. Gleichzeitig konnte die Bundesregierung das innenpolitische Risiko durch den Einsatz einer sehr überschaubaren Anzahl deutscher Soldaten in Grenzen halten. Die humanitäre Komponente im Kosovo war möglicherweise ein weiterer Grund zur Intervention: mit Sicherheit aber nicht der entscheidende! Die Durchführung und die Ergebnisse der Konfliktbewältigung waren sicherlich suboptimal, dennoch bereitete der Kosovo-Konflikt insgesamt den Weg zu einer selbstständigeren und selbstbewussteren deutschen Außen- und Sicherheitspolitik.

Zum Schluss noch eine pointierte Gesamtbeurteilung der Intervention: Vor dem Hintergrund der Erkenntnis, dass humanitäre Katastrophen moralisch unter Handlungsdruck setzen und dass die VN oft nicht schnell genug reagieren konnten, hat sich ein völkerrechtlicher Diskurs entwickelt, der an Gewicht gewinnt, aber noch keineswegs in geltendes Recht umgewandelt wurde. Danach ist eine militärische Intervention dann vertretbar, wenn folgende Kriterien erfüllt sind: Der Sicherheitsrat und die UN-Generalversammlung müssten angerufen worden sein, es müsste sich um sehr schwere und systematische Menschenrechtsverletzungen gehandelt haben und politische Lösungen bzw. Repressalien müssten bereits versucht worden sein. Weiterhin: Die Operation müsste verhältnismäßig sein und den Regeln des Kriegsvölkerrechtes entsprechend durchgeführt werden. Im Übrigen müsste es sich um eine kollektive Aktion und nicht um die Mission einer Hegemonialmacht handeln. Und: Weder der Sicherheitsrat noch die Generalversammlung der UN dürften die Aktion verurteilen oder zur Beendigung aufrufen.[239]

Eine Prüfung ergibt folgendes: Die Intervention der NATO im Kosovo widersprach eindeutig einem Großteil dieser Anforderungen. Weder wurde der Sicherheitsrat der VN vor *Allied Force* explizit angerufen, noch war die Operation verhältnismäßig oder gar dazu geeignet, eine humanitäre Krise zu beenden. Durch die Bombardierung ziviler Ziele, unter anderem sogar der chinesischen Botschaft, war *Allied Force* auch unter kriegsvölkerrechtlichen Gesichtspunkten äußerst fragwürdig. Schwere Menschenrechtsverletzungen hat es indes im Kosovo gegeben, allerdings sowohl begangen durch Serben als auch durch Albaner. Tatsächlich waren diese Menschenrechts-verletzungen aber keineswegs so gravierend, wie es die NATO dargestellt hatte. Es gab im Vorfeld durchaus eine Reihe politischer Repressalien, welche aber fast exklusiv gegen die Serben gerichtet waren. Weiterhin war *Allied Force* zwar eine kollektive Aktion, allerdings eindeutig dominiert durch den Hegemon USA. Nach Beginn der Angriffe der NATO wurden diese nicht durch die VN verurteilt, was aber auch das einzige erfüllte Kriterium darstellt.

---

[239] vgl. Torsten Stein: Welche Lehren sind aus dem Eingriff der NATO im Kosovo zu ziehen? In: Rechtsstaat in der Bewährung, Band 36, Heidelberg 2002, S. 32

Abschließend muss festgestellt werden, dass die Intervention im Kosovo und in Serbien sicherlich nicht völkerrechtlich legitimiert war, ungeachtet der anhaltenden Beteuerungen der NATO bzw. der NATO-Mitgliedsländer. Weder legitimierten die VN einen Angriff der NATO, noch waren die hier dargestellten Kriterien einer militärischen Intervention ohne ein Mandat der VN erfüllt worden.

10. Literaturverzeichnis

Primärquellen

Abschlussdokument des 3. KSZE-Folgetreffens in Wien, 1989

Blickpunkt Bundestag November 04/98

Brief des Vorsitzenden der Konferenz von London 1992, Lord Carrington, an Dr. I. Rugova vom 17. August 1992

BT-Drucksache 12/4361

BT-Drucksache 13/5705

BT-Drucksache 14/397

BT-Plenarprotokoll 13/242

BT-Plenarprotokoll 14/22

BT-Plenarprotokoll 14/31

Dokument des Kopenhagener Treffens der Konferenz über die Menschliche Dimension der KSZE vom 29.06.1990

Interim Agreement for Peace and Self-Government in Kosovo vom 23.02.1999

NATO/FRY Kosovo Verification Mission Agreement, FRY, 15.10.1998

Record of NATO-Serbia/FRY Meeting in Belgrade, 25.10.1998

Resolution 1160 (1998) des Sicherheitsrates der Vereinten Nationen

Resolution 1199 (1998) des Sicherheitsrates der Vereinten Nationen

Resolution 1203 (1998) des Sicherheitsrates der Vereinten Nationen

Schlussakte der Konferenz über Sicherheit und Zusammenarbeit in Europa von 1975

Verordnung (EWG) Nr. 3906/89 des Rates vom 18.12.1989 über Wirtschaftshilfe für die Republik Ungarn und die Volksrepublik Polen

Sekundärquellen

Auswärtiges Amt (Hrsg.): Deutsche Außenpolitik 1995. Bonn 1998

Biermann, Rafael: Lehrjahre im Kosovo - Das Scheitern der internationalen Krisenprävention vor Kriegsausbruch. Paderborn, München u.a. 2006

Chiari, Bernhard u. Kesselring, Agilolf (Hrsg.): Wegweiser zur Geschichte-Kosovo. Paderborn, München u.a. 2006

Deutschen Sektion der Internationalen Juristen-Kommission (Hrsg.): Rechtstaat in der Bewährung, Band 36. Heidelberg 2002

Dischl, Michael: Westliche Demokratien und Humanitäre Militärische Intervention. Zürich, 2002

Elsässer, Jürgen (Hrsg.): Nie wieder Krieg ohne uns. Das Kosovo und die neue deutsche Geopolitik. Hamburg 1999

Elsässer, Jürgen (Hrsg.): Kriegsverbrechen. Hamburg 2000

Friedrich, Roland: Die deutsche Außenpolitik im Kosovo-Konflikt. Wiesbaden 2005

Genscher, Hans-Dietrich: Erinnerungen. München 1997

Judah, Tim: Kosovo, War and Revenge. New Haven 2000

Knopp, Guido: Die SS. München 2003

Kramer, Helmut u. Dzihic, Vedran: Die Kosovo-Bilanz. Wien 2006

Kreidl, Jakob: Der Kosovo-Konflikt: Vorgeschichte , Verlauf und Perspektiven zur Stabilisierung einer Krisenregion. Frankfurt a.M. 2006

Loquai, Heinz: Der Kosovo-Konflikt - Wege in einen vermeidbaren Krieg. Baden-Baden 2000

Lutz, Dieter (Hrsg.): Der Krieg im Kosovo und das Versagen der Politik. Baden-Baden 2000

Merkel, Reinhard (Hrsg.): Der Kosovo-Krieg und das Völkerrecht. Frankfurt a.M. 2000

Rauch, Andreas: Auslandseinsätze der Bundeswehr. Baden-Baden 2006

Weller, Marc: The Crisis in Kosovo 1989-1999. Cambridge1999

Zeitungen und Zeitschriften

FAZ vom 17.01.1998

FAZ vom 11. 05. 1998

FAZ vom 10.06.1998

Friedensforum, Ausg. Dezember 1991

Vierteljahresschrift für Sicherheit und Frieden, Jahrgang 14, Heft 1/1996

Internet-Quellen

http://www.un.org

http://www.bundestag.de/

http://edoc.hu-berlin.de/humboldt-vl/ohme-heinz/PDF/Ohme.pdf

http://eur-lex.europa.eu/

http://www.internationalepolitik.de/

http://www.osce.org

www.ingramcontent.com/pod-product-compliance
Lightning Source LLC
Chambersburg PA
CBHW031555300426
44111CB00006BA/319